食べる　つかう　あそぶ

庭にほしい木と草の本

散歩道でも楽しむ

草木屋 著

はじめに

この本は、雑誌『うかたま』の連載「庭にほしい木」をもとに、新たに木と草を追加してつくったものです。タイトルは『庭にほしい木と草の本』ですが、現代の民家ではふつう庭木にしない木や、お店では扱わない野山の雑木や草も出てきます。でもどの木や草も、食べたり、お茶にしたり、お風呂に入れたり、草木染めをしたり、子どもの遊びに使ったりと、昔から人の暮らしの中に取り入れられてきたもので、今でも散歩道や公園、野山など、家のまわりで出会えます。

名前や使い方を知ったり、遊ぶだけでも、庭やまちの木や草がぐっと近しい存在になります。いつか自分の庭をつくるとしたら、と想像するのもきっと楽しいと思います。

そしてもし、小さな庭やベランダがあったら、鉢植えでもいいので、ぜひ木や草を１本植えてみてください。サンショウを植えれば、いつかアゲハチョウが訪れて、卵を産んでくれるかもしれません。木や草があれば、暮らしがまちの自然とつながります。

この本が、あなたと木や草がいっそう仲良くなる橋渡しとなれば嬉しいです。

草木屋

もくじ

3章 庭と散歩道で楽しむ「草」

この本の読み方

ホームセンターや植木
店などで購入できる

野山などに生えている

出合い方、入手のし方

data

ガリア科* 青木

［**生える場所**］野山／公園／庭

［**木のタイプ**］常緑／低木

北海道から沖縄の各地に分布する。原産地は日本で、海外でも人気が高く、「アオキ」の名で知られる。

木や草が生える場所

木のタイプ（図）
低木…人の背丈の高さ
中木…家の軒下の高さ
高木…家の屋根以上の高さ

season

花…3〜4月。雌雄異株。雄の花穂は長い。

新芽…3〜4月。雄の木の花のつぼみを摘んでおひたしにする。

実…12〜3月。赤い実が冬中ついている。

葉…1年中。生葉を折ったり丸めたりして工作に使う。生葉を細かく刻んで煮出し、お茶や入浴剤にする。

葉、花など部位ごとに見られる時期と、その使い方の紹介

図 木のタイプ**

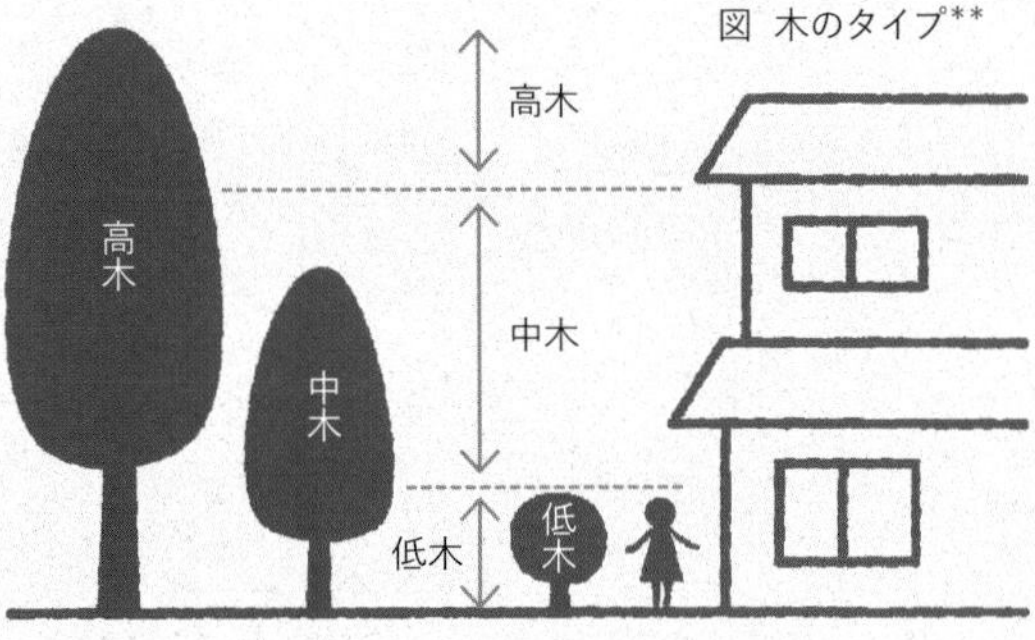

＊科名はＡＰＧ分類で表記しています。

＊＊庭植えを基準にし、この本のために
つくった区分です。

1章

育て方・遊び方の基本

子どもと育つ庭

わたしたちの暮らしは、庭がまん中にあり、土と植物と生きものがいつもいっしょの子育てが原点です。

家業の苗木生産を営みながら、就学前の子どもたちの自由保育「小さな畑のおうち園」を夫婦で始めたのは、18年前です。長男が幼い頃よく咳をしていたので、幼稚園でも保育園でもなく、ゆるく在籍できる場所が欲しくなりました。また泥遊びや虫とりが好きな子だったので、いっしょに遊ぶ仲間を求めて、週1回の保育室を小さな畑で始めました。

はじめは何もない一反ほどの畑に、一本ずつ木を植え、そこに一年かけて家族で家を建てました。それから20年以上経ち、何もなかった庭が、今では小さな森のようです。腰ほどの小さな木が見上げるような大木になり、鳥や風が運んで大きくなった草や木も少なくありません。そのうち木が成

長して、枝にブランコを掛けられるようになり、鶏小屋をつくったり、子どもたちとのかかわりの中で、庭の姿も少しずつ変化していきました。

小さいうちにたっぷり自然のなかで遊んでほしい、子どもたちの身近にこんな場所があったらいいな、その思いはずっと変わらず、自分の子どもが成長したあとも、畑の保育室を続けました。彼らといると、庭での暮らしはより楽しくなります。自然の中で遊ぶ子どもたちの生き生きとした姿は、森に暮らす小人たちのようで愉快でしかたありません。

私たちが暮らすまちは、日々開発が進み、住宅街になってきました。それでも友だちに会いに行くように、草や木に会いに行きます。ドングリの落ちている小みち、クズの繁茂する空地、天狗のウチワが生える山…。子どもたちと散歩に出かけると、葉っぱや木の実で両手がいっぱいになります。自分の土地がなくても、まちが自分の庭のように好きになります。

この本では、わが家の暮らしに欠かせない木と草を、お茶、お風呂、草木染め、ものづくりの楽しみ方とともに紹介します。名前を知るだけでなく、使い方や遊び方、そこに集まる生きもののことを知ると、木も草も、ぐっと身近に感じます。庭があったら、こんな木や草を植えたいなあと想像する楽しみも、ぜひ味わってほしいと思います。

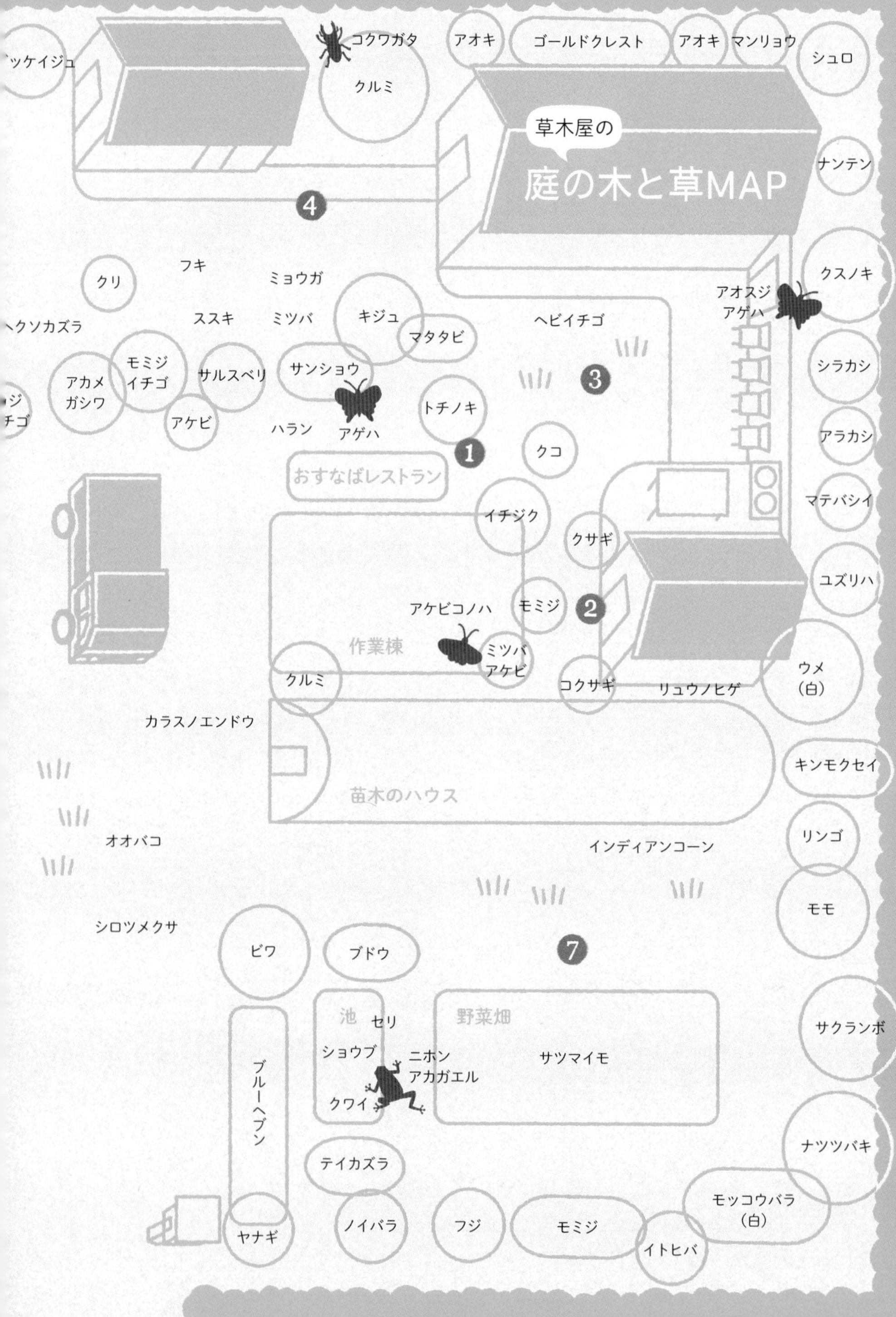
草木屋の
庭の木と草MAP
ッケイジュ
コクワガタ
クルミ
アオキ
ゴールドクレスト
アオキ
マンリョウ
シュロ
ナンテン
4
クリ
フキ
ミョウガ
ヘクソカズラ
ススキ
ミツバ
キジュ
マタタビ
ヘビイチゴ
アオスジ
アゲハ
クスノキ
アカメ
ガシワ
モミジ
イチゴ
サルスベリ
サンショウ
3
シラカシ
ジ
チゴ
アケビ
ハラン
アゲハ
トチノキ
1
クコ
アラカシ
おすなばレストラン
イチジク
マテバシイ
クサギ
ユズリハ
アケビコノハ
モミジ
2
作業棟
ミツバ
アケビ
クルミ
コクサギ
リュウノヒゲ
ウメ
（白）
カラスノエンドウ
キンモクセイ
苗木のハウス
オオバコ
インディアンコーン
リンゴ
モモ
シロツメクサ
ビワ
ブドウ
7
池
セリ
野菜畑
サクランボ
ショウブ
ニホン
アカガエル
サツマイモ
クワイ
ブルーヘブン
ナツツバキ
テイカズラ
モッコウバラ
（白）
ノイバラ
フジ
モミジ
ヤナギ
イトヒバ

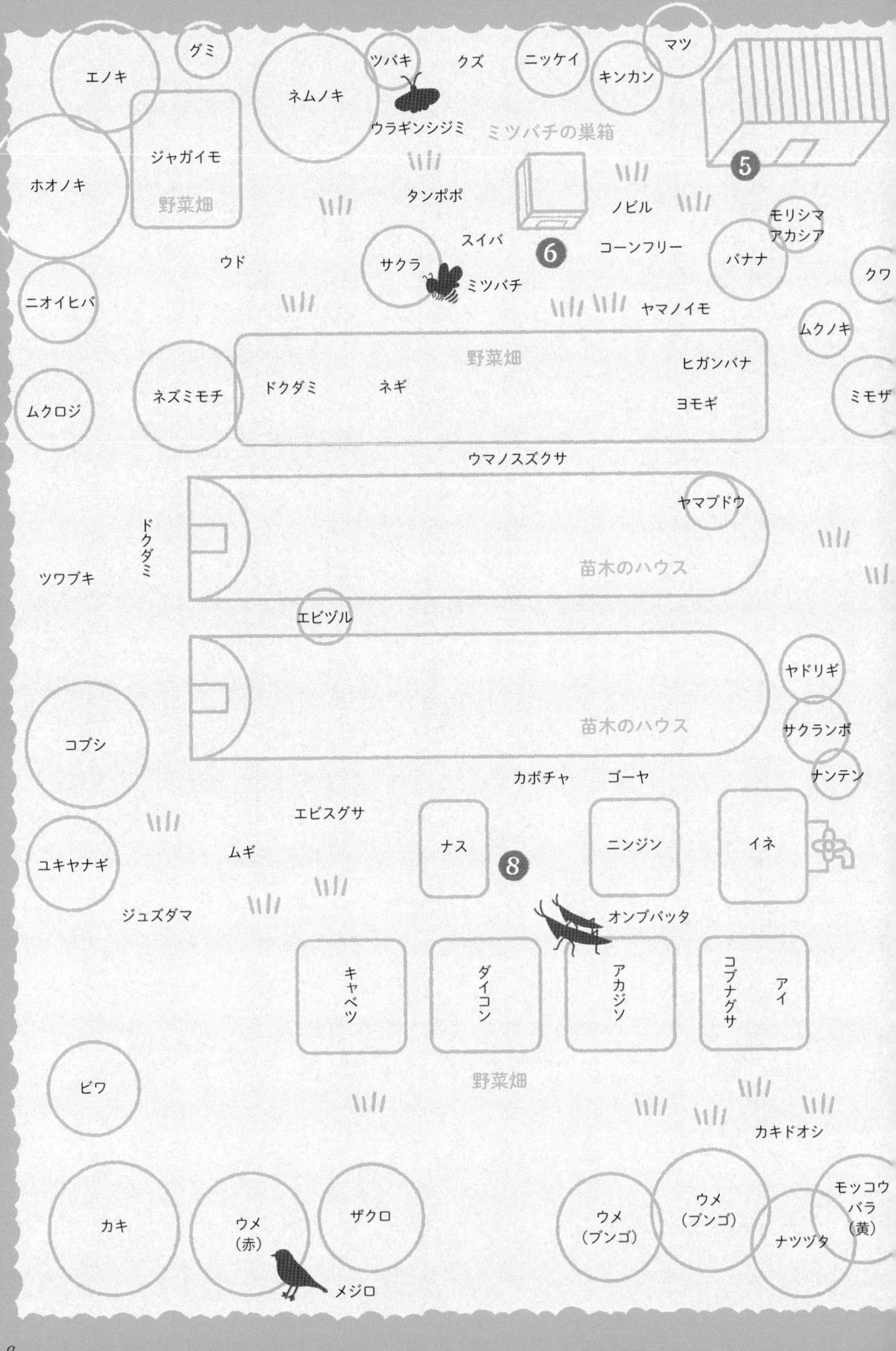

グミ
エノキ
ツバキ
クズ
ニッケイ
マツ
キンカン
ネムノキ
ウラギンシジミ
ミツバチの巣箱
ジャガイモ
ホオノキ
5
野菜畑
タンポポ
ノビル
モリシマ
アカシア
スイバ
6
コーンフリー
ウド
サクラ
バナナ
クワ
ミツバチ
ニオイヒバ
ヤマノイモ
ムクノキ
野菜畑
ヒガンバナ
ドクダミ
ネギ
ネズミモチ
ムクロジ
ヨモギ
ミモザ
ウマノスズクサ
ヤマブドウ
ドクダミ
苗木のハウス
ツワブキ
エビヅル
ヤドリギ
苗木のハウス
サクランボ
コブシ
ナンテン
カボチャ
ゴーヤ
エビスグサ
ナス
ニンジン
イネ
ムギ
8
ユキヤナギ
ジュズダマ
オンブバッタ
キャベツ
ダイコン
アカジソ
コブナグサ
アイ
ビワ
野菜畑
カキドオシ
モッコウ
バラ
（黄）
ウメ
（ブンゴ）
ウメ
（ブンゴ）
カキ
ウメ
（赤）
ザクロ
ナツヅタ
メジロ

庭の風景

❶ お砂場レストラン

使わなくなった食器や調理道具を置いて、子どもたちがおままごとをする人気の場所。おままごとで使う水は、雨どいを伝って貯まった雨水タンクから。蛇口をひねれば、子どもたちが自由に使えるようになっている。

❷ 黒板絵

庭の入口ではいつも、黒板が子どもたちを迎える。その日の「おうち園」の活動をテーマにした絵が描かれ、毎回、“小人”のお話から始まる。「昔あるところに小さな畑があって、小さな畑には小さなおうちがあって、9人の小人さんが遊んでいました。するとそこに…」、子どもたちは物語に誘われ、その主人公になったように庭やおうちに吸い込まれ、遊びが始まる。

③ 広場

庭のまん中。みんなで集まったり、ござを敷いてご飯を食べたり、焚き火もしたりするスペース。

❹ ブランコ

クルミの木にかけたブランコ。庭をつくった年に植えたクルミは、毎年豊作。今年は実つきが悪く幹肌《みきはだ》も老いてきたが、少し離れたところに落ちた実が芽を出して成長し、1年ほど前から実をつけるようになった。

❺「庭鳥《ニワトリ》」小屋

2羽のニワトリ、雑種の「アサ」と岡崎おうはんの「おーちゃん」の小屋。過去に飼っていたニワトリが、ヘビやネコ、タヌキ、アライグマ、ハクビシンなどに襲われることがあったので、じょうぶな小屋を建てた。日中は戸をあけて、小屋の前のスペースで放し飼いをしている。

⑥ ミツバチの巣箱

通常は、分蜂《ぶんぽう》した集団をつかまえて箱の中に入れる。女王バチが一家を引き連れて、空になった巣に勝手に入ってくれる年もある。日本ミツバチがすみついたことも。蜂蜜を採り、みつろうでロウソクやクリームをつくれる。

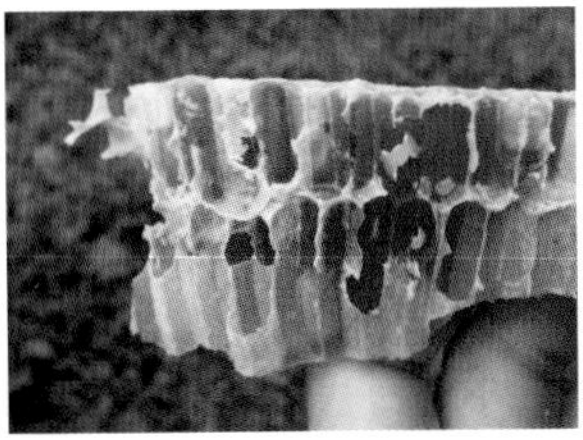

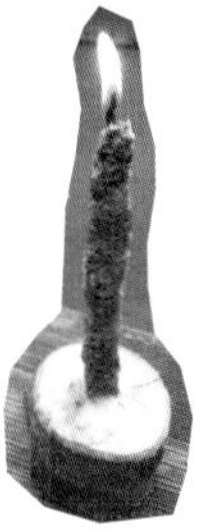

⑦⑧ 野菜畑

2カ所ある小さな畑。自給自足まではできないが、子どもたちと収穫したものをすぐ、みそ汁に入れて食べたり、サツマイモ掘りをしたりと、なくてはならないスペース。

小さな森のような庭。大きな葉っぱは、おやつを食べるときのお皿代わりによく使う。落葉樹は夏の木陰をつくり、冬はひだまりになる自然の冷暖房。雨だれが落ちるところに置いた水鉢では、水草とアカガエルやメダカが育つ

1 暮らしに使う木と草

お茶、お風呂、手当て

とても
おいしい

花粉症に効くらしいと聞いて、
スギの葉を煎じてみた

庭で目にとまった
草や木の葉を
摘んで干す！

左から、コンフリー、
カラムシ、ヨモギ

干して黒っぽくなったニッケイの葉は、ハサミで切り刻むとニッキのよい香り。たくさんできたら、お風呂へ

ドクダミは、番茶などとブレンドすると、子どもも飲める

おいしい実をそのまま食べるのはもちろん、葉を干してお茶にしたり、お風呂に入れたり、焼酎漬けにしてちょっとしたケガやかゆみの手当てをしたり。昔から伝わる方法で、木や草を暮らしに利用しています。植物によって細かい違いはありますが、採る時期や干し方、利用方法のだいたいの目安を知っておくと便利です。

このあとの章で「お茶」「お風呂」「焼酎漬け」などに利用しているのは、ほとんど同じ方法でつくっています。また、本書にはない木や草も、お茶にするとよいものもたくさんあります。ここで紹介するのはわが家の定番の利用方法ですが、もっといい方法もあるかもしれません。自分にちょうどいい木や草、やり方を見つけたら、「採りすぎない、採ったものは大切に使う」ことを心がけて、ぜひ暮らしに取り入れてみてください。

いつ採る？

その植物がいきいきと輝いて見える時期に採ります。葉やつぼみはみずみずしい午前中、花は初めて開いた日の正午など、本当は時間帯も気にするといいのですが、ときめいたときに、ありがとうと言いながら摘むのが、一番気持ちがいいです。

採取する部位と時期の目安

葉	常緑のものはいつでも。落葉するものは、一番エネルギーがみなぎっている新芽～花の咲いている時期がおすすめ。
花	薬効が高いのは、開花直前のつぼみといわれる。香りは開花直後が強いものが多い。
実 タネ	実を食べるものは、完熟したもの。果実酒はややかたい頃がいいといわれるので、完熟直前がいい。タネはサヤが弾ける前にサヤごと採る。
根	多年草は、根に栄養などを溜めて翌年に備える。年を越すと、枯れた部分がなくなり場所がわからなくなるので、秋から冬、地上部が枯れる頃に採取する。

どうやって干す？

晴天の続く日の午前中に収穫して干します。風通しのよい場所に小さな束にして干せば、4～5日でできあがります。パリパリになるまでが目安。茶筒に入らないときは、ビンや缶、紙袋に入れて風通しのよいところで保管します。

採取する部位と干し方

葉	さっと洗って数本束ね、4～10日陰干しする。パリパリに乾いたら紙を広げ、ハサミで切る。干し過ぎると香りが落ちてボロボロになり、気分も下がるので、乾いたらすぐ取り込む。
花	虫が入っていない傷のない若い花を選ぶ。花粉が落ちるので、できれば洗わない。1～2週間陰干しする。
実 タネ	水分量が多い実は日にあてて干す。タネは1週間ほど干して瓶に保存すると工作にも使えて、何年ももつ。
根	タワシなどでしっかり洗って土を落とし、やわらかいうちに切り刻んでから、ザルなどに広げて日にあてて干す。

※香りのあるものは、日にあてて干すと香りが飛んでしまうので、必ず陰干しする。

どうやって使う？

まずは自分がおいしいと思える濃さで、番茶をさらり、草をぱらりと急須に入れて、お茶として飲んでいます。たくさん収穫したときはお風呂に入れます。煎じたり、お酒に漬けて体の手当てにも重宝しています。

利用方法と、おすすめの木と草

利用方法		つくり方	おすすめの木、草
お茶（急須でいれる）		・番茶や緑茶、紅茶の茶葉大さじ1を入れた急須に、乾燥させた葉をひとつかみ加える。 ・熱湯を入れて20～30秒蒸らして湯のみに注ぐ。 ・2種類以上合わせると飲みやすくなる。	木：アカメガシワ、カキ、クサギ、クワ、ナンテン、マツ、ミカン、ビワ 草：アカジソ、オオバコ、クズ、ジュズダマ、スギナ、ドクダミ、フキ、ヨモギ
お風呂		・木綿の布袋をつくり、生葉か乾燥葉を入れて水から沸かす。 ・沸かすタイプでないお風呂の場合は、湯が袋を叩くように、蛇口の下に袋をおく。 ・乾燥葉のほうが成分が出やすく、煎じた液を入れると香りや成分は強くなる。	木：アオキ、アカメガシワ、カキ、コブシ（花）、サンショウ、ツバキ、ナンテン、ニッケイ、ビワ、ミカン、マツ 草：アカジソ、ショウブ、スギナ、ドクダミ、ヨモギ
手当て	アルコール漬け	・生葉か乾燥葉を刻んでビンに入れ、ホワイトリカーか焼酎を葉が浸かるまで注ぐ。 ・3カ月から半年で、エキスの色が濃くなったら完成。飲んだり、肌につけたりする。	木：クコ、クワ、サンシュユ、ニッケイ、ビワ、マタタビ、マツ、ミカン 草：スギナ、タンポポ、ドクダミ、ヨモギ
	煎じる（弱火で半量になるまで煮詰める）	・土瓶か耐熱ガラス製のものを使う。鉄や銅は、植物の成分と化学反応を起こすことがあるので避ける。 ・飲んだり、痛いところを洗ったり布に浸してあてたりする。	お茶と同じ
	その他	・火であぶって貼る。 ・そのまま生葉をかじる、塗る、つける	アオキ、ドクダミ、ナンテン、マツ

※この本で取り上げた植物のほとんどは、薬草として「生薬」にもなる。強く作用する場合もあるので、少しずつ試す。特に妊産婦、子ども、高齢者は加減する。

季節ごとに、野草茶をつくろう

野草茶を楽しむコツは、つくりすぎないこと。季節ごとに目にとまった草を、数週間で飲み切れる分だけ採って干します。大人2人で飲むなら、茎ごとなら1～2枝、大きな葉なら1～2枚でもじゅうぶんです。思い立ったら摘んでつくる、わが家の庭の野草茶の記録を紹介します。

わが家の野草茶セット。茶葉が入れやすい急須がお気に入り

春 アケビ・クサギ・スギナ・タンポポ・ヘビイチゴ

春になるとあちこちで新芽が出て、野草茶をつくりたくてソワソワしてきます。干している途中でも急須に入れて、番茶とブレンド。スギナはケイ酸だけでなく、カルシウムやカリウムが野菜より豊富。からだにもよさそうです。

夏 アカジソ・アカメガシワ・ドクダミ・マツ・ヨモギ

これではちょっと大きい。手でもんで粉茶にしてもいい

もりもり茂った草を集めたら、どれも薬効のかたまりみたいなイメージをもつ草でした。ダントツのお気に入りはドクダミ。煎じると鼻をつまんで飲むほど強烈な味と香りが、急須でいれるとなぜか甘く感じます。

秋 オオバコ・クワ・ジュズダマ・クコ・クワ

5粒ほどのジュズダマの実を半紙に包み、トンカチで叩いて砕きます。それを番茶にブレンドして飲むと、香ばしくておいしいです。ジュズダマには、消炎や鎮痛などの効果があるとして、民間薬にも使われます。

冬 スギ・ニンジン・ビワ・ミカンの皮

土瓶がなければ土鍋でOK

ビワは冬に香りのよい花が咲くので、葉と一緒に干します。畑のニンジンの葉もお茶にします。好みの濃さに煮出して飲むと、苦みと深みを感じます。ミカンは無農薬のものを使います。ミカンの味と香りがします。

2 暮らしに使う木と草
草木染め

植物を煮出した液は、いい香り。大きい鍋を使うときは、屋外でカセットコンロで煮出すと楽しい

季節の植物でする草木染めは、庭の草木の「色」を楽しめるのが魅力です。大雑把な、独学の染色方法ですが、カーテン（大きな布）やシャツなど、「色あせたら染める」を、もう何年も繰り返しています。草木染めは、最初はなかなか慣れないかもしれませんが、4〜5年も続けると、お湯を沸かすくらいの気持ちで、思い立ったときに気軽に染められるようになります。

草木染め初心者におすすめなのは、ビワ染めの方法です。草木染めではふつう、色を布にしっかり定着させたり、発色をよくしたりするために、「媒染剤《ばいせんざい》」を使います。媒染剤は金属を含む物質を水に溶いた液体のことで、これと植物から煮出した染液の化学反応で、布に色がつきます。でもビワ染めは媒染剤なしでもよく染まります。また、木綿の布を染める場合、染液に浸ける前に布を呉汁に浸ける処理をすることが多いのですが、ビワ染めではむしろ、しないほうが明るい色に染まります。そういうわけで、ビワは初心者や手間を省きたい人にはもってこいの植物なのです。

初めて染めるときは、大きくて薄い木綿の布を使うといいと思います。布を窓枠の大きさに合わせて切って、染めます。風に揺れてそよぐたびに、湧き立つような幸福感に包まれます。

草木染め専用の寸胴鍋。大容量の鍋があると便利。少しだけ染めるなら、ステンレスのボウルでも代用できます

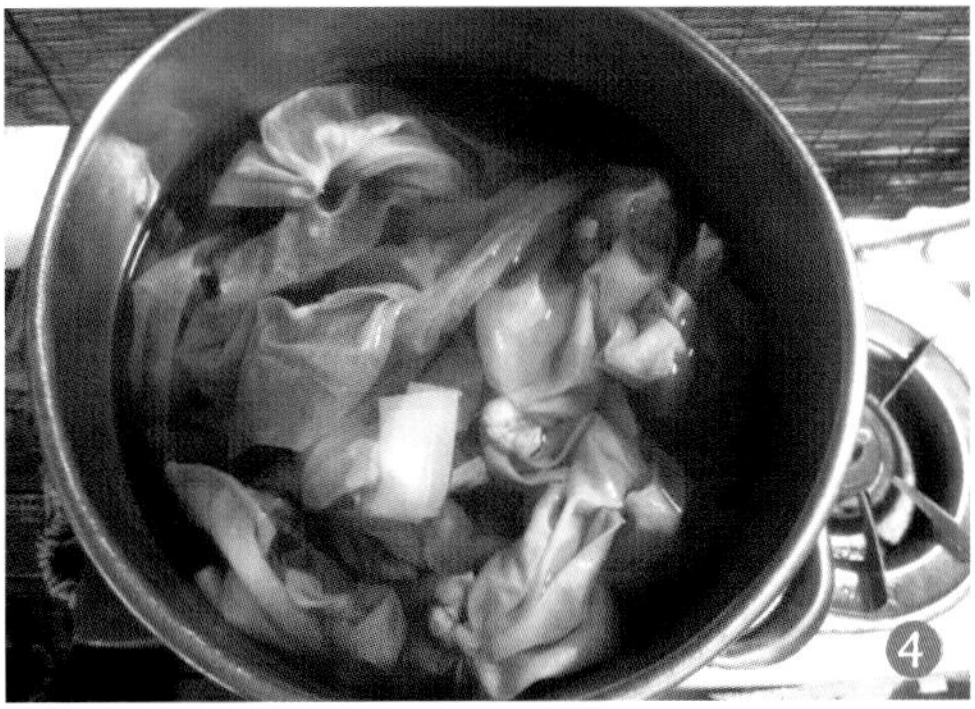

わが家のビワ染め

常緑でどんどん育つビワ。実を食べ、お茶を飲み、お風呂に入ったら、最後はビワ染めです。木と草との暮らしは、すべてがつながっていると感じます。

❶ ビワの枝と葉を用意する

90㎝×110㎝の布を1枚染めるのに、葉つきの枝を4～5本用意します。ビワは常緑なので年中染められますが、実を食べたあと、剪定*がてら初夏にすることが多いです。

＊剪定について：花ものは花が咲いたあと、実ものは実がついたあとにおこなうと、翌年の花芽を切らないための目安になります。

❷ 鍋に仕込んで火にかける

ハサミで2～3㎝のザク切りにして鍋に入れ、すべて浸るくらいの水を入れます。蓋をして火にかけ、沸騰したら弱火で15～20分ぐつぐつ煮ます。

❸ 煮汁を濾す

火を止め、すぐにザルで濾して葉と染液を別々にします。葉を入れたままだと、せっかく出てきた成分が葉に戻ってしまいます。染液は鍋に戻し、葉は土に還します。

❹ 布を煮る

鍋に布を入れて火にかけ、沸騰したら弱火で15～20分くつくつ煮て、火を止め、翌朝までおきます。熱い液が冷める過程で布の繊維に色素が浸透して染まっていきます。

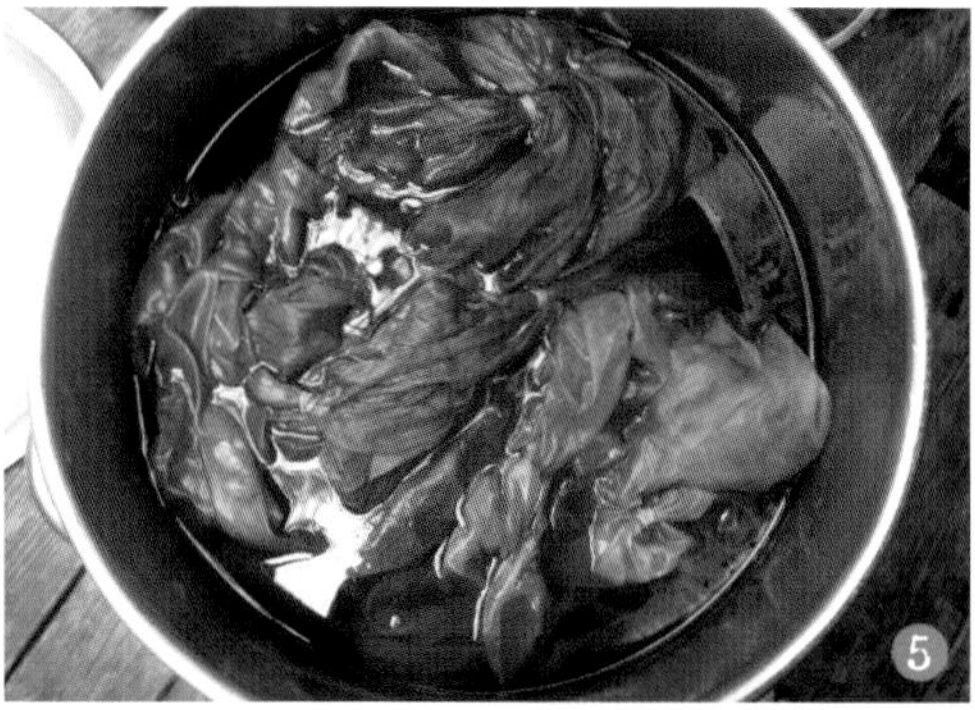

⑤ 色を見る

次の日、茶色っぽい液が明るいオレンジ系の色に変わります。もう少し濃く染めたいときは、火にかけて沸騰したら弱火にし、15～20分煮ます。

⑥ 干す

次の日、色を見て、気に入った色になっていたら布を引き上げます。気に入らなかったら、煮てからおくのを、何度も繰り返します。煮るたびに色が濃くなります。流水で洗い、太陽の下で干します。

この本で紹介する木の中で、
草木染めにおすすめの植物です。
媒染、呉汁染めは、自己流。
左ページを参照してください。

植物	部位	染まる色	呉汁処理	媒染剤	時期
アカメガシワ	茎、葉	カーキ色	必要	銅	4～11月
クサギ	実	水色	必要	いらない	10月
クリ	葉、鬼皮、渋皮	薄茶色	必要	銅	10～11月
クルミ	枝葉、殻	茶色	必要	銅	4～11月
	緑の実	茶グレー	どちらでも*	いらない	8月
クワ	枝葉	黄色	どちらでも*	ミョウバン	6月
サクラ	枝、葉	桃茶色	いらない	いらない	4～6月
ニッケイ	枝葉	グレー	どちらでも*	鉄	いつでも
		黄色	どちらでも*	ミョウバン	いつでも
ビワ	枝、葉	桃色	いらない	いらない	いつでも
マテバシイ	実（どんぐり）	黒色	必要	鉄	10月～
アイ	茎、葉	水色	必要	いらない（生葉染めのため）	7～8月
アカジソ	茎、葉	緑色（綿） 暗緑色（シルク）	必要	ミョウバン	7～10月
ドクダミ	葉	ベージュ	必要	銅	6月

＊呉汁処理しても、しなくても染まるが、処理すると色が濃くなる。

媒染方法

〈媒染剤〉

ミョウバン…染液15ℓに対し、漬け物用のミョウバン大さじ1を溶かします。

銅…10円玉：酢：水＝1：1：1となるように重さを量り、瓶に入れて1週間おきます。コーヒーフィルターなどで濾した液を、100〜1000倍に水で薄めて使います。

鉄…銅と同じつくり方で、10円玉の代わりに錆びたクギを使います。

〈媒染方法〉

煮汁を濾したあと、染液の中に布と媒染剤を同時に入れて染める「同時媒染」がおすすめです。媒染液の量は、染液15ℓに対して、だいたい1カップくらい。染液とは別に媒染液に浸ける方法もありますが、つきっきりでなくてもよく、家事と同時進行できるので、うちではもっぱらこの方法を続けています。

ツバキやサザンカを燃やして出た灰から灰汁をつくり、使うこともあります。ミョウバンと同じアルカリ性の媒染剤になります。

呉汁染めについて

植物から煮出した染液は、たんぱく質とよく結びつく性質があります。そのため、もともと動物性のたんぱく質をもっているシルクの布や羊毛などは染まりやすいのですが、綿の布はなかなか染まりません。そこで、綿の布には植物性のたんぱく質である大豆の絞り汁に布を浸けて、色が染まりやすくなる処理をします。

〈呉汁のつくり方と呉汁染め〉

1 大豆1／2カップを一晩、たっぷりの水に浸ける。

2 水1ℓに水を切った**1**の大豆を入れ、2回に分けてミキサーにかける。

3 **2**をさらしで濾す。濾した液が呉汁。布400g分を浸けられる。

4 染めたい布を**3**に浸け、5分ほどもむ。軽くしぼり、洗い流さないで干す。乾くのに時間がかかるので、天気のよい日に干す。呉汁染めした布は保管し、いつでも本染めできる。

汗のついた着古した下着などは、呉汁染めをしなくても　染まります。人間のたんぱく質が浸み込んでいるせいか、ワイルドなムラ染めになります。濃い色に染まる、銅や鉄媒染に向いています。

暮らしに使う木と草

3 ものづくりに使う道具

木と草との暮らしに欠かせないのが剪定作業です。慣れないと難しくてちょっと億劫なのですが、それを楽しくするのが剪定のあとのものづくりです。

　プロが使う道具は、重かったり、大きくて使いづらかったり、手入れが大変だったりしてなかなか使いこなせません。ここでは、庭仕事を手軽に楽しくする剪定道具と、ものづくりに使う道具の一部を紹介します。

剪定の道具

庭暮らしの必需品。小回りが利いて、枝をちょっと切るのにちょうどよく、構えずに爪切り感覚で使えます。

花ばさみ

小枝や草を切る。野菜の収穫や、乾燥させた野草茶用の草や葉を切り刻むのにも使う。本格的な鉄製のハサミよりも軽くて使いやすく、ほとんどこれで間に合う。

小型万能のこぎり

園芸コーナーではなく大工コーナーに並んでいる工作用。華奢なつくりだが、1㎝以上の枝や竹、木材でも切れる万能のこぎり。ただし3㎝以上ある太い枝は、プロの道具のほうが切りやすい。

剪定ばさみ

小枝や、ちょっと太めの枝（直径1㎝くらい）を切る。ホームセンターの園芸コーナーに置いてあるので、手に入れやすい。

道具の手入れ

自家製クルミ油

ハサミ類は小さな砥石で研いだあと、油を塗っておきます。よくある機械油スプレーも便利ですが、手動の搾油機でしぼったクルミ油は伸びがよく、気に入っています。

工作用の道具

剪定後の枝や木の実は宝の山。自然からの贈り物が宝物になる、ものづくりを支える道具です。

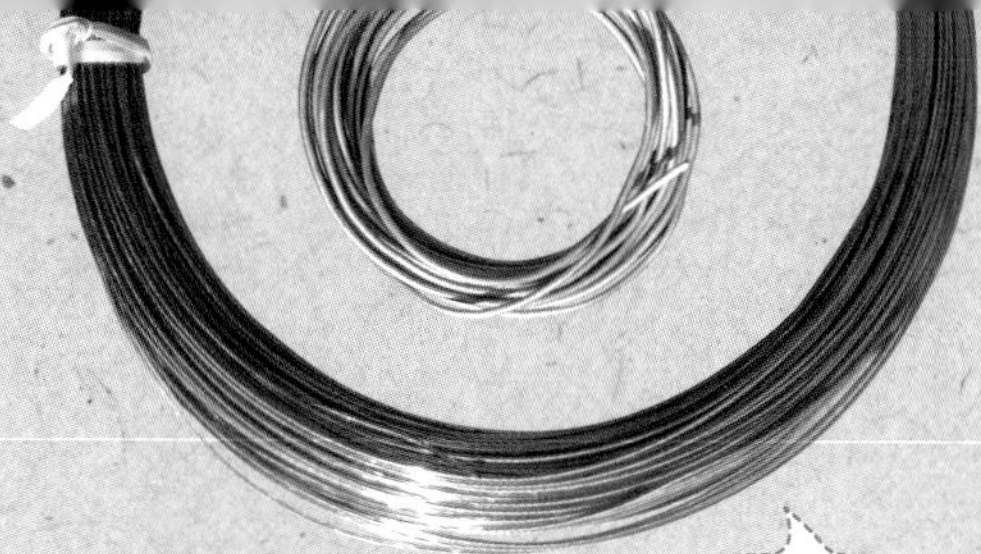

やわらかくて使いやすい！

針金（銅・アルミ）

板や枝などをしっかり固定したいときや、タネや木の実をつなげたいときに使う。何度でも使える。古くなると味が出る。

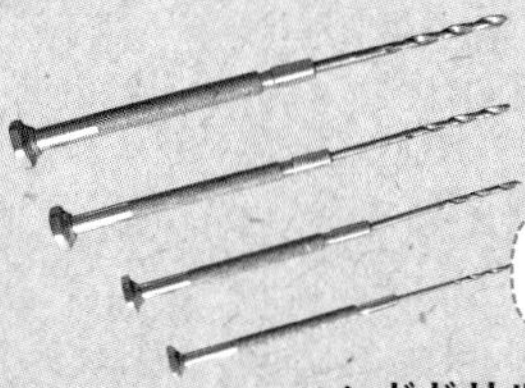

手の力だけで穴をあけられる！

ハンドドリル

かたくて小さいタネに穴をあける。太さを3種類そろえておくと重宝する。

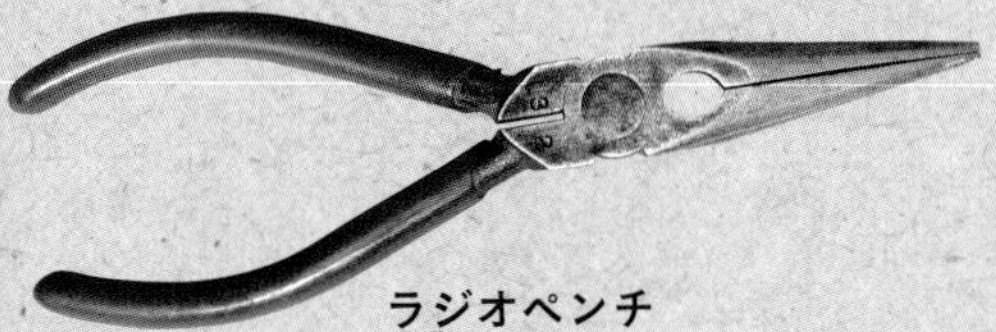

ラジオペンチ

針金を曲げるなど、細かくて力のいる部分に使う。

キリ

竹や木材、タネに穴をあける。持ち手が太く長いので力が入る。

電動ドリル（充電式）

穴あけやネジしめを電動でおこなう。かたい板にも素早く穴をあけられる。

紙やすり（板付け）

切り出した枝を磨いたり、削ったりする。杉板にボンドで貼りつけ、使いやすくしている。

手前はムクロジのタネにハンドドリルで穴をあけ、銅の針金を通してつくったブレスレット

小刀（切り出しナイフ）

木の枝を削る。小刀を固定するように持ち、削りたい枝のほうを動かすと、子どもでも安全に使える。

木を植えるときに気をつけること Q&A

特別な木以外は、植え方の基本はほとんど同じです。寒さに弱い木、暑さに弱い木など、場所によって育ちやすさは違いますが、鉢植えにすれば、寒い時期は家の中へ、暑い時期は日陰に移動させられます。ここで紹介する植え方の基本をおさえて、ぜひ育ててみてください。

　なお、地下茎でどんどん増えるタケや、大きく成長するケヤキなどは、鉢植えなどで楽しみましょう。

Q いつ植える？

極暑極寒期を避ければ、ポット苗、根巻き苗は通年植えつけができます。

Q どこに植える？

極端な悪条件でない限り、植物は順応してくれます。暑さが苦手な植物は、強い西日が当たるところは避けましょう。寒さが苦手な植物でも、家の南側の陽だまりに植えれば、鉢植えにしなくても冬越しできることもあります。

Q 鉢植えの場合は？

・植え付け用土は、赤玉土＋腐葉土＝7：3くらい。草類は腐葉土の割合をやや多くする。
・鉢の大きさは、苗木の根鉢《ねばち》の大きさより、ふた回りくらい大きなもの。初めから特大の鉢に植えるより、少しずつ大きな鉢に植え替えていったほうが、根が元気に成長する。
・よく根の張った苗はやや根を崩して、根の張りが弱い苗は崩さず静かに植えつける。
・特に最初の水やりは、たっぷりあげる。土と苗が安定する。
・背丈が高く、風でふらつく植物は、簡単に支柱をする。

Q 露地植えの場合は？

・植えつけ場所をよく耕し、腐葉土を混ぜる。
・穴を掘り、苗を入れ、土を戻し、水をたっぷりあげる。
・よく根の張った苗はやや根を崩して、根の張りが弱い苗は崩さず静かに植えつける。
・特に最初の水やりは、たっぷりあげる。土と苗が安定する。
・背丈が高く、風でふらつく植物は、簡単な支柱を立てる。
・根の位置は、地表面よりやや高く土盛りして落ち着く程度がよい。植物の根張りがよくなる。特に水はけの悪いところでは、高植えにする。
・小さな苗は初めは鉢植えで育て、ある程度大きくしてから露地植えする方法もある。

Q 剪定の方法と時期は？

・どの木も間引くように枝を切ると、風通しがよくなるので病害虫が発生しにくくなり、花芽も残せる。
・常緑樹も落葉樹も、細い枝（剪定バサミで切れる範囲の枝）はいつでも剪定できる。
・直径3cm以上の太い枝はノコギリを使い、常緑樹は春か秋、落葉樹は葉が落ちる秋か冬に行なうとよい。幹焼けや枯れを防止できる。

2章

庭と散歩道で楽しむ「木」

ほしい木 ❶

アオキ

照りのある葉は火事対策にも、工作用紙や鼻紙にもなる

花を咲かせた雄の木

雌花。受粉すると、赤い実がつく

雄花。花粉を飛ばすために花穂が立ち上がる

緑色の実が、冬に赤くなる

data

ガリア科　青木

［生える場所］ 野山／公園／庭

［木のタイプ］ 常緑／低木

北海道から沖縄の各地に分布する。原産地は日本で、海外でも人気が高く、「アオキ」の名で知られる。

season

花…3～4月。雌雄異株。雄の花穂は長い。

新芽…3～4月。雄の木の花のつぼみを摘んでおひたしにする。

実…12～3月。赤い実が冬中ついている。

葉…1年中。生葉を折ったり丸めたりして工作に使う。生葉を細かく刻んで煮出し、お茶や入浴剤にする。

野山歩きが好きで、よく雑木林に入りますが、必ずといっていいほど出合うのが低木のアオキです。アオキは照りのある葉がきれいで、庭木としても人気があります。日陰に強く、木陰や北側の植栽など、庭に彩りを添えてくれます。斑《ふ》入りの品種も多数あり、ヨーロッパでも庭木としてよく植えられるそうです。

見た目だけでなく、アオキは実用的な木でもあります。葉は肉厚で水分を多く含んでいるので、火事の際、火が広がらないように垣根として植えられました。山で用を足したり鼻をかんだりしたときも、大きくてやわらかい葉はティッシュペーパー代わりになります。生葉は殺菌、消炎作用があり、風呂に入れると肌にいいと聞いて試すと、葉の成分なのか、お湯がとろりとやわらかくなりました。さらに生葉を刻んで煮出し、お茶にしてみると、小豆の煮汁のような舌触り。キハダも入れて煮たところ、苦みととろみの「陀羅尼助《だらにすけ》(古来の整腸薬)」ができました。

あそぶ

アオキのおもちゃ

肉厚の葉は、折ったりたたんだりしてもボロボロになりません。

〈風車のつくり方〉

1 どんぐりを2つ用意し、1つはキリなどで穴をあけ、貫通させておく。もう1つは貫通させず半分だけ穴をあける。

2 穴を貫通させたどんぐりを竹串に通し、その上に葉の端を縦に折って刺す。

3 葉を90°ずつずらして4枚同じ向きに刺したら、もう1つのどんぐりを上からかぶせてとめる。

4 竹串を、ヨシなどの中が空洞になっている茎に刺し入れる。

クヌギなど、ずんぐりした
どんぐりがおすすめ

いろいろな葉でできます。
試してみてね

〈おひなさまのつくり方〉

葉を縦に折り、重ねていくと、十二単《じゅうにひとえ》のようになる。最後に花を挿して顔にする。

斑入りの葉だと
着物が華やか！

くらす

アオキ風呂

ざっくり刻んで4～5分煎じてお茶に。残ったお茶はお風呂へ。生葉10～20枚をよくもんでお風呂に入れてもいいです。

食べる

新芽のおひたし

葉の新芽は苦いですが、花の芽（つぼみ）はなぜか苦すぎずあっさりしておいしいのでおすすめです。

醤油とかつおぶしで
和えます

ほしい木❷

アカメガシワ

荒れ地にいち早く生える
森づくりのパイオニア

新芽は赤く、成長するにつれて緑色になる。葉のつけ根に蜜腺があり、アリが集まって害虫から葉を守る

新芽はベルベット状の毛に覆われる

雌木の雌花

柱頭が赤くなってふくらみ、熟すと黒紫色に

data

トウダイグサ科　赤芽柏

［生える場所］ 野山／公園／河川敷

［木のタイプ］ 落葉／中木

日本の在来種。本州から沖縄の各地に自生している。

season

花…5〜7月。白い穂状の花をつける。

葉…4〜11月。生葉を食べものの下に敷いたり包んだりする。4〜8月。枝ごと摘んで干し、お茶にする。

アカメガシワの葉は、表面に細かい毛が生えているためか、お餅やおにぎりを包んでもくっつかず、天然のクッキングシートとして活躍します。大皿に敷き、寒天ゼリーや天ぷらなどの料理を、盛りつけることもあります。

秋に熟す実は鳥たちのおやつ。食べられたあと、空を旅したタネは、糞として落とされた場所で発芽します。タネは、高温にさらされると発芽しやすくなるので、道路際や川の土手や空き地など、暑くて狭い場所にもかかんに進出。そのためあちこちで見かけます。

食べる

葉っぱのお茶

枝葉を1週間ほど軒下に干して、お茶に。コーヒーのような濃い色で、味も野草茶にはない濃厚な味わいです。

色も味も濃厚！

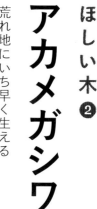

ほしい木③

アケビ

甘い香りの花が咲き
果肉をしゃぶると甘い

ミツバアケビの実。
紫色になる

アケビの花。雄花と雌花が
分かれている

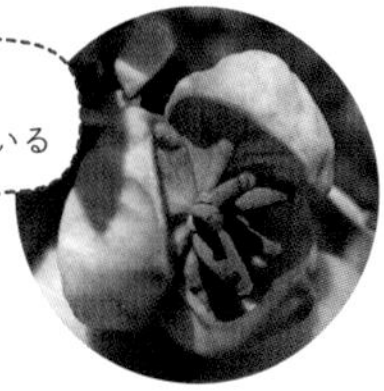
雌花の柱頭は
ねっとりしている

子どもの手のひら
より大きい！

ミツバアケビの大実
（おおみ）の品種

data

アケビ科　木通

［**生える場所**］野山／公園

［**木のタイプ**］落葉／つる性中木

北海道から九州の各地に分布する。

season

花…4～5月。甘い香りが特徴。

実…9～10月。熟してぱっくり割れたら食べごろ。生で食べる。

新芽…4月。ゆでて食べる。

昆虫…6～10月。枯れ葉そっくりのアケビコノハの成虫が見られる。

あるとき、むせかえるような甘い香りが風にのって漂ってきました。あたりを見回してみると、咲いていたのはアケビの花。アケビの花は雌花と雄花があり、雌花のめしべの先には、粘液があふれています。この〝たっぷり〟した感じは、アケビならでは。「いつでもいらっしゃい」と花粉を待っているのでしょう。

アケビのツルは、かご細工にも使われます。ツルは勢いがよく、巻きついた木を枯らしてしまうほど。新芽をゆでて食べるとコリコリシャキシャキして、海藻のような食感です。

観察

アケビコノハ

枯れ葉にそっくりのガ、アケビコノハの成虫。まさに忍法「木の葉隠れの術」ですね。

ここ！

ほしい木 4
ウメ

早春の花と初夏の実は
庭に華やかな
楽しみを与えてくれます

高さ2～4mになる。はしごにのぼって高いところの実を収穫すると、傷のないきれいな実がとれる

data

バラ科　梅

[生える場所] 公園／庭

[木のタイプ] 落葉／中木

北海道から沖縄の各地に分布する。原産地は中国で、日本の南部にも原種があるとも考えられている。

season

花…1～3月。花を観賞する品種もあり、品種によって開花時期が変わる。

実…6月初旬の青梅でジュースや梅酒や梅肉エキスをつくる。7月中旬の完熟梅で梅干しをつくる。

昆虫…6月頃。梅干しを仕込む時期にウメエダシャクの成虫が見られる。

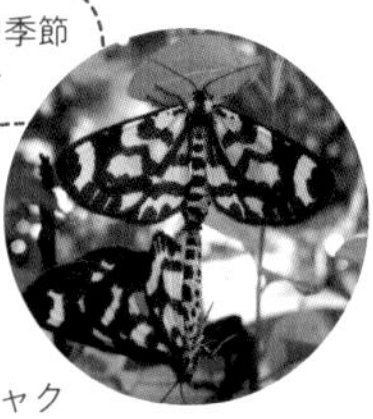

ウメエダシャク

花も実も楽しめる「白加賀」

わが家の庭の白梅は、まだ寒い2月に咲きだします。するとメジロが集まり、池のアカガエルの産卵も始まります。ウメには実をとる「実《み》梅《うめ》」、花を楽しむ「花《はな》梅《うめ》」があります。花は香りもよく、花の少ない早春に咲くため日本人に好まれています。実をならせたいなら、実梅の品種を選びましょう。

梅干しづくりは、子どもたちに人気の手仕事です。実が赤みを帯びた黄色に色づいてきたら、収穫時期。豊作のときは木の下にシートを広げ、長い竹の棒でたたいて落とします。どんどん落ちてくるのが楽しくて、落ちるたびに笑い声！ひと仕事終わったあとのおやつは、「梅干しチューチュー」。竹の皮にくるんだ梅干しを吸って食べます（55ページ参照）。

ウメの収穫時期になると、ひらひら飛ぶ小さなガがいます。ウメエダシャクといって、ウメの木のある公園でもよく見かけます。「梅干しをつくりなさい」と、教えてくれます。

いい香り～

食べる 梅肉エキス

青梅5個で小さじ1杯分。拾ったりもらったりした実で気軽につくれます。

〈梅肉エキスのつくり方〉

1 青梅をすりおろし、ガーゼで汁をしぼり取る。
2 小鍋（土鍋がベスト！）に入れ、弱火で茶色になるまで煮詰める。

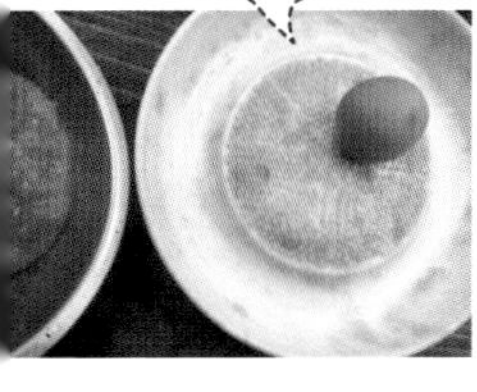
陶器のおろし器が使いやすい

ボウルも鍋の代わりになる

瓶の底にちょっぴりだけできました

たくさんとれました～

食べる 梅干し

梅干しづくりは年に1度の待ち遠しい仕事。木で熟した実でつくる梅干しは香りがよくてフルーティー！

〈梅干しのつくり方〉

1 きれいに洗った梅の実の重さを量り、その10％の重量の塩を用意する。
2 梅と塩を交互に漬け、落とし蓋をして重しをする。約1週間で水が上がる。
3 畑で赤じそができたら塩もみして梅の上にのせ、7月の土用の頃までそのまま漬ける。
4 梅雨が明けたら3～4日天日に干す。

ザルの上に包装紙を敷くと、果肉がくっつきにくい

ほしい木 5

カキ

実をおいしく食べて
柿渋もつくれる
管理しやすく丈夫な木

「つっぱさみ」。竹の先に10㎝ほどの割れ目を入れて、枝ごと折る

大ぶりの実がなる品種、太秋

スズランの花に似た雄花

data

カキノキ科　柿

[生える場所] 野山／公園／庭

[木のタイプ] 落葉／中木

東アジア原産。日本では奈良時代には栽培が始まり、明治時代には果樹生産量の第1位を占めていた。

season

葉…5～8月。葉を摘んで干し、お茶にする。

青い実…8月頃にとって柿渋を仕込む。

熟した実…9～12月。品種によって実のなる時期が変わる。甘柿で人気のある品種の「富有」は、10～12月に熟す。

庭の果樹といえば、柿の木が一番に思い浮かびます。実が黄色く色づいてくると、秋になったなあと感じます。柿の実の収穫には、昔は先に割れ目を入れた竹を使ったそうです。割れ目に枝を挟んでひねり、折ってとるのです。実際につくって子どもたちとやってみると、枝がポキンと折れておもしろい。柿の枝は折れやすく木登りしないというし、枝の剪定にもなるので、なるほど、理にかなった道具だなと思います。

昔から柿の実は全部とらずに、「木《き》守《まも》り」といって、数個木に残す風習があります。収穫の感謝と、また来年もなりますようにという願いが込められています。こうして残した実が、朝晩寒くなる頃に、鳥たちのエサとなります。渋柿は渋く、鳥もすぐには食べないのですが、やわらかくなるまで熟すと甘くなり、最後はヒヨドリやメジロ、カラスなどが食べに来ます。柿の実がなくなってくると、空気が冷たくなり冬の訪れを感じます。

子ども用の臼と
杵で柿をつぶす

つくる 柿渋

数年前から柿渋を手づくりしています。わが家では手づくりの柿渋をデッキや部屋の床、椅子などに塗っています。塗りたては独特の臭気がありますが、3日もすればにおいはなくなります。防水・防虫・防腐などの効果があり、天然素材なので安心して使えます。

〈柿渋づくりの流れ〉

1. 8月のお盆の頃、まだ実の青い小ぶりの渋柿の実を収穫。
2. つぶしてひたひたの水に漬けこむ。
3. 1～2週間雨の当たらない場所に置く。
4. 発酵して色が黒ずんでにおいが強くなってくる。しぼって保存する。

未熟な柿を使う。
大小さまざまでOK

教わった農家によると、用水路の水に浸けるといいらしい

壁に塗ると陽に当たって発色し、明るい茶色になった

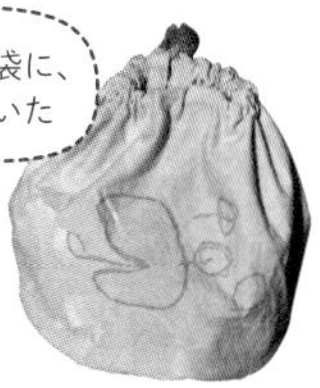
草木染めの布袋に、
柿渋で絵を描いた

食べる 柿サラダ

水菜と柿を和えます。デザートとして食べるのに飽きたときにおすすめ。

あそぶ ブローチ

秋冬、柿の木の下に落ちているヘタを使います。ヘタの裏にボンドでピンをつけて、ブローチにしてみました。

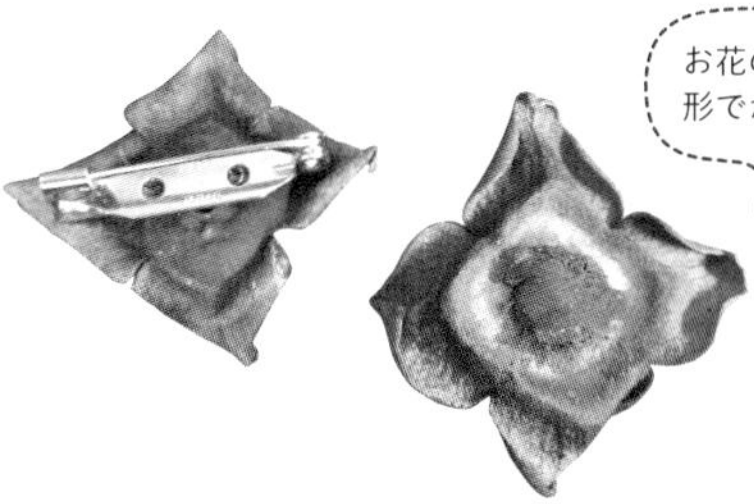
お花のような
形でかわいい

ほしい木❻

キイチゴ

パクパク食べちゃう
野山の「おやつ」の定番

エビガライチゴ。在来種の中では収穫量がダントツに多くおいしい

カジイチゴの花

カジイチゴの実

モミジイチゴの花

上／葉が展開するより少し先に花が咲くので、よく目立つ　左／ヘタを取ると実に空洞があるのがキイチゴの特徴

data

バラ科　木苺

[生える場所] 野山／庭／河川敷

[木のタイプ] 落葉／低木

北海道から沖縄の各地に、それぞれ在来種のキイチゴが分布する。

season

花…3～5月。サクラやウメに似た、白く可憐な花が咲く。

実…5～6月。品種によって黄色や赤色の実がなる。そのまま食べたり、ジャムにしたりする。

日本には在来のキイチゴが、数十種類以上あるといわれます。わが家のキイチゴの中では、まずエビガライチゴとクサイチゴがおすすめです。実のつきがよく、子どもたちがパクパク食べられます。モミジイチゴは、実がつきづらいのが難点ですが、花は可憐で美しく、実の味も絶品です。最後はカジイチゴ。実が甘くトゲがないので、小さな子がいる庭にも安心して植えられます。ラズベリーやブラックベリーもいいですが、在来のキイチゴもぜひ味わってみてください。

食べる

おやつにトッピング

甘酸っぱくて小粒のキイチゴは、そのまま食べるだけでなく、おやつのトッピングにもぴったり。軽く洗ってから、ヘタを取って食べましょう。

寒天ゼリーに飾りつけ

手入れをしなくても、毎年比較的よく実をつける

ほしい木 ⑦ キンカン

ほったらかしでもよく実る 皮ごと食べてもおいしい

上／夏に花が咲く　下／半分に切ると、タネを取り出しやすい

ミニしめ飾りに
ぴったりのサイズ

data

ミカン科　金柑

［**生える場所**］公園／庭

［**木のタイプ**］常緑／低木

中国原産。日本では本州の関東以西から沖縄の各地で育つ。

season

花…7～8月。四季成り性なので、9～11月に咲くこともある。

実…12～4月。11月頃から実がつき始め、寒くなると徐々に黄色に色づく。甘煮や蜂蜜漬けにする。

木が大きくならず、実は皮ごと食べられるキンカンは、昔から庭に植えられてきました。温州みかんやユズなどは、同じカンキツ類でも不作の年（裏年）がありますが、キンカンは裏年が少なく、金色の卵のような実を毎年、よくつけます。

実を皮ごと食べられるのが、キンカンのいいところ。皮はビタミンCを多く含んでおり、子どもの頃、「みかんきんかん風邪ひかん」とよく歌いました。蜂蜜漬けは実を半分に切って楊枝でタネを取り出し、生のまま蜂蜜に漬けるだけ。甘煮は自然のキャンディです。

食べる

キンカンの甘煮

キンカンを半分に切り、楊枝でタネを取り出します。鍋にキンカン、その重量の半量の砂糖、ひたひたの水を入れ、弱火で30分煮ます。

咳止め、
風邪予防に

ほしい木❽

クサギ

実は青色の染料に
葉には独特の臭みがあり
花の香りはチョウを呼びます

独特のにおいの葉から「クサギ」と名がついた。若葉は山菜として食べられる

実は昔から染料として使われている

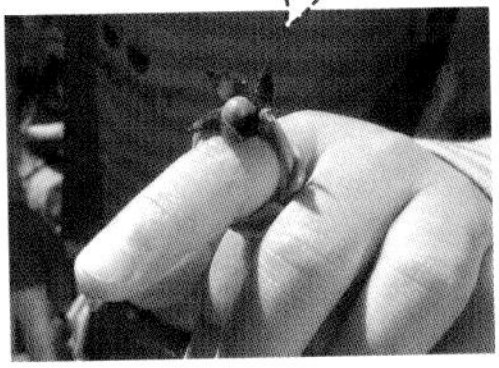

ツルを丸めて
実を差し込む

花の時期は
甘い香りが漂う

data

シソ科　臭木

［生える場所］ 野山／公園

［木のタイプ］ 落葉／中木

日本の在来種で、北海道から沖縄の各地に自生する。

season

花…7〜8月。甘い香りのする花が咲く。

実…10月頃。遊びに使うほか、実を煮出して染め液をつくり、草木染めをする。量がたまるまで、冷凍庫で保存する。

葉…5月。若い葉を干してお茶にする。

くらす

クサギ染め

青い実を水から沸かして煮出し、染液をつくります。鍋に呉汁染め（23ページ参照）をした布を入れ、さらに弱火で煮て色を染み込ませます。

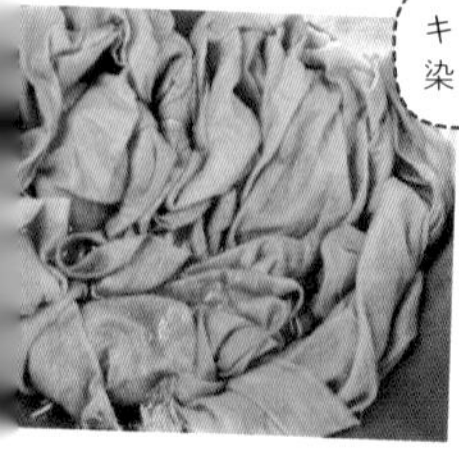

キレイな青に
染まります

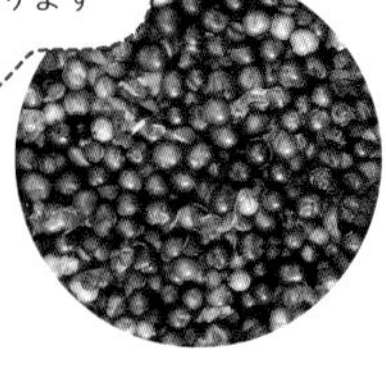

台風一過の翌日。落ちたドングリを拾いに森に出かけると見つけるのが、天井くらいの高さに広がるクサギの赤いガクと青い実です。自然観察会などでは、アイと並んで、〝青を染められる染料〟として紹介します。ガクから実を外すのは大変ですが、クサギ染めは、アイ染めの苦労は何だったのかと思うほど、青色が青のまま青く布に染まります。

　ガクは色だけでなく、その星のような形も美しく、ツルを丸めて実に差し込むと、あら不思議。クサギジュエリーに変身です。

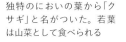

ほしい木 ⑨

クリ

イガイガの実は
いつ割れるかな
待ち遠しい秋の味

イガが割れ、実が顔を出すと収穫時期

6月頃に強い香りの花が咲く。雄花は尾状に垂れ下がる

秋の味覚！

雌花。小さなイガグリの形をしている

data

ブナ科　栗

［生える場所］ 野山／公園

［木のタイプ］ 落葉／高木

在来種のシバグリ（ヤマグリ）は、九州から北海道の各地に自生する。

season

花…6月頃。垂れ下がるようにつく雄花が目立ち、独特の香りがする。

実…8～10月。焼いたり、ゆでたりして食べる。イガに入っている薄く未熟な実は、ままごとや工作に使う。

実を拾ったら、まずはご飯に入れて炊きます。一粒でも、クリの風味が広がります。野生のシバグリは、栽培種より粒が小さいですが、味はとても濃厚です。

クリは縄文時代から利用されてきたそうで、食べるだけでなく薬としても使われたとか。ウルシにかぶれたら、隣に生えているクリの生葉をもんで汁をつけたり、葉やイガ、樹皮を干して煎じた液を湿疹の塗り薬に使ったりしたといいます。そう聞くと、縄文人の暮らしを身近に感じられますね。山は食糧と薬の宝庫。文字通り宝の山だったに違いありません。

あそぶ

クリスプーン

薄い実は食べられませんが、おままごとには活躍。小枝を刺すと、かわいいスプーンになります。

ほしい木⑩
クルミ

かたい殻に包まれた実は
風味が強くてとてもおいしい
人間も動物も大好き

オニグルミは河川敷などで樹高10mほどの大木をよく見かける

下からは葉に
隠れて見えづらい

雌花は5月頃咲く

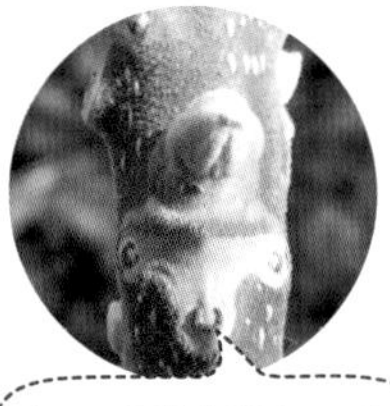

クルミは葉痕（ようこん）も、
ヒツジの顔に見える！

data

クルミ科　胡桃

［**生える場所**］野山／河川敷／公園
［**木のタイプ**］落葉／高木

在来種のオニグルミは、北海道から九州の各地に自生している。売られているのは、殻の薄い外来のセイヨウグルミ。大きく育つので、庭植え注意。

season

花…5〜6月。葉の上に赤い花が咲くが、木の下からは見えづらい。

実…9〜10月。緑色の皮の中にかたい殻のタネが入っている。殻ごと炒って割り開けて食べ、緑色の皮や殻は染色に使う。

冬芽…12〜2月。葉が落ちたあとの葉痕を観察する。

わが家には大きなオニグルミの木があり、枝にブランコが掛けてあります。実のなる時期にブランコに乗ると、実が爆弾のように落ちてきて、子どもたちは大騒ぎになります。クルミは大きく育つので、どんな庭でもというわけにはいきません。でも、野生のクルミは河川敷など案外身近にあります。実は水に浮くので、流れ着いたところで育つのです。秋に実を拾いに行くのもいいですね。

　川沿いで見つかるオニグルミやヒメグルミは、粒が小さく殻がかたい。しかも可食部はほんのちょっとです。でも、苦労してとり出した実は、風味が強くとてもおいしいです。

　クルミは冬芽の観察もおすすめです。冬芽とは葉が落ちたあとに枝の先や途中についている芽のことで、木によってさまざまな形があります。子どもに「これ、何に見える?」と聞いてみてください。「ヒツジ!」「コアラ!」など、いろいろな答えが返ってきておもしろいですよ。

くるみ割り器があれば、子どもの力でも割れます

食べる

から炒りオニグルミ

クルミの実は緑色の皮に包まれた状態で落ちています。これを取り除くとかたい殻のタネが現われます。

〈皮と殻の取り方〉

1 青い皮つきのクルミを拾ったら、足でグリグリ踏み、皮が取れたら洗ってフライパンで炒ります。すると殻のつなぎ目が少し開くので、ドライバーなどでこじ開けると、きれいに二つに割れます。くるみ割り器も便利です。

2 乾燥させて保存した実は、水に浸けておいてから、フライパンで炒ります。

グリグリ踏みつけて
中身を出す

中身は楊枝でほじり
出して食べます！

あそぶ

クルミのおもちゃ

オニグルミの木はやわらかくて軽く、木工の材料としてもよく用いられます。小枝を切り出したオセロは、柿渋を塗って色分けをしました。

殻を使った楽器

中心がコルク状で
やわらかい。小枝を
車輪にしました

小枝のオセロ

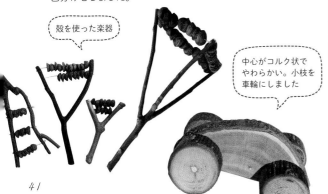

ほしい木 ⑪

クワ

甘酸っぱい実は
そのまま食べても
ジャムにしても人気

木によって実の味が違う！　食べ比べてみましょう

花期は4～5月。花はあまり目立たない

若い実はピンク、完熟すると黒紫色になる

data

クワ科　桑

［**生える場所**］野山／河川敷／庭

［**木のタイプ**］落葉／高木

在来種のヤマグワは、北海道から九州の各地に自生している。外国産の「マルベリー」はクワの実のこと。

season

実…5～6月。熟すにつれ色が濃くなる。そのまま食べたり、ジャムにしたりする。

葉…4～11月。干してお茶にする。

樹皮…4～6月。若い茎をとり、皮をはいでブレスレットをつくる。

昆虫…5～9月。蚕の卵を入手し、葉をエサにして育てる。孵化してから繭をつくるまで約1カ月かかる。

20年ほど前のこと、1mくらいの長い木の枝を地面に突き刺しました。するといつの間にかスルスルと枝葉が茂り、気づけばそれはクワの木でした。今では庭の真ん中で大きく成長しています。

鉢植えでもよく茂りますが、実がたくさん欲しいときは、夏の初めに近くの土手に行ってみましょう。実をたわわにつけた木に出合えるかもしれません。実は生で食べられ、完熟の度合いで色が変わり、味わいも変化します。白い実は熟す前のかたくさわやかな味、赤はツブツブ感があって酸っぱく、黒はまったり甘い感じです。私は赤黒いのが好きですが、黒くなるのを待っていたら、鳥に食べられてしまった、ということがたびたびあります。鳥も黒い実が大好きなのです。

蚕《かいこ》のためにクワを育てるのもいいでしょう。人工飼料もありますが、蚕は本来クワの葉を食べます。幼虫がどんどん育ち、繭をつくる姿はおもしろく、簡単な装置で絹糸を紡ぐこともできますよ。

あそぶ

絹糸まきとり板

蚕は1カ月ほどで米粒ほどの大きさから5㎝くらいの幼虫になり、繭をつくります。繭からは絹糸が取れます。

〈絹糸の取り方〉

ハガキサイズに切った段ボールの中央に竹ひごを通し、台紙をつくる。お湯に繭をつけてふやかし、糸の先を引き出して台紙に引っかける。竹ひごを持ち、台紙をくるくる回転させて、糸を巻きつける。

くるくる回すと1個の繭から1㎞以上の絹糸が取れます

蚕が繭をつくりやすいように、色紙を筒状にして「アパート」をつくる

食べる

クワの実ジャム

クワの実をよく洗い、鍋に1/3くらいの量の砂糖を入れ、火にかけます。好みの量のレモン汁で味を整え、煮詰めすぎず、やわらかくなったらできあがり。

つくる

ブレスレット

若い枝は皮がきれいにむけます。丈夫なので、編んだり結んだりしてもちぎれません。三つ編みして手首にぐるぐる巻き、ブレスレットにしてみました。

ほしい木⑫

ケヤキ

ほうきを逆さにした姿で公園や校庭などにどんと立つ町を見守る大木です

落葉前、紅葉するケヤキの並木

幹がさらに太くなると樹皮が自然にはがれ落ちる

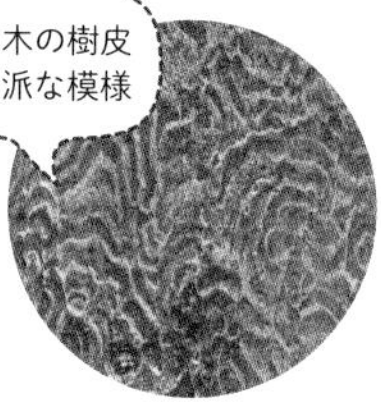
太い木の樹皮は立派な模様

枝ごと折れて「羽」になり、タネを飛ばす

data

ニレ科　欅

［**生える場所**］野山／街路樹／公園

［**木のタイプ**］落葉／高木

本州から九州まで各地に植栽され、山野に自生もする。大きく育つので、庭植え注意。

season

葉…10～11月。子枝ごと落ちる葉とタネを観察する。

樹皮…1年中。樹齢を重ね、パズルのように剥がれ落ちた樹皮を集めて工作に使う。

枝…秋～冬。工作に使う。

まっすぐで節が少なく、つやのあるケヤキの枝は、工作にもってこい。太い幹の樹皮の模様は立派で、パズルのようにはがれ落ちます。それに穴をあけてストラップにしたりと、いろいろ使えます。

ケヤキは成長すると高さ30mにもなる巨木です。庭にはなかなか植えられませんが、町のどこに生えているかチェックして、剪定時期に「少しください」とお願いしてみるといいですよ。街路樹の並木では、春の若葉や秋の紅葉が木によって微妙に違い、コントラストがきれいです。

あそぶ

樹皮のストラップ

はがれ落ちた樹皮をよく洗い、キリで穴をあけたら、ヒモを通します。

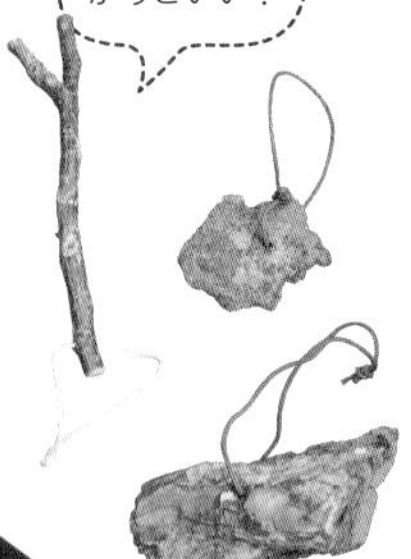
皮ひももかっこいい！

ほしい木⑬ コブシ

実のかたちはにぎりこぶし
枝も花もよい香り
お茶やお風呂に入れて

data

モクレン科　辛夷

［**生える場所**］野山／街路樹／公園／庭
［**木のタイプ**］落葉／高木

北海道から九州に分布する。植栽も多いが、関東以北の低地や山地の広葉樹林に自生する。

season

花…3～4月。白く甘い香りの花が、葉が出る前に咲くので、よく目立つ。生の花を風呂に浮かべる。

実…8～10月。熟すと殻が割れ、赤いタネが出てくる。

ハクモクレンとよく似ているが、コブシは花びらが薄く小さめで、木全体にちらばって咲く

“拳(こぶし)”に似た形の実

コブシの花。甘い香りがする

秋にふわふわの花芽が新たにつく

コブシはサクラが咲く前、関東では3月中頃に白い花を咲かせます。「種まき桜」とも呼ばれるそうで、わが家でもコブシの咲いているのを見て、あわてて春野菜のタネまきをします。

花は香りがよく、枝も折るとよい香りがします。そこで花を2輪ほどお風呂に浮かべてみました。するとどこかでかいだ香り…スイカ？ いや違うもっとさわやかな…「洋梨！」。鼻づまりや花粉症に効くとは聞いていましたが、お風呂のなかで、すーはーすーはー、深呼吸せずにはいられませんでした。

あそぶ

タネ、ぶらーん

実についている赤いタネをそーっと引っ張ると、ぶらーんとぶら下がります。この、「そーっと」が結構難しいのです…。

ほしい木 14

サクラ

花も枝葉も香る
華やかな木
好きな品種を見つけたい

全国で並木などにされるソメイヨシノは、成長が早く開花も早い

なめると甘い！

葉のつけ根に蜜腺がある

秋～冬に咲く十月桜

早春に咲く河津桜

＊ネオニコチノイド系農薬：茎葉や根から吸収されて植物全体に行き渡り、長く効くことで広く使われるようになった農薬。ただし虫の神経系に作用することから近年、ミツバチの大量死（蜂群崩壊症候群）のおもな原因とされている。

data

バラ科　桜

［**生える場所**］ 野山／河川敷／街路／公園／庭

［**木のタイプ**］ 落葉／高木

北半球の温帯に広く分布し、日本には変種を合わせ100種類以上の野生種と200種類以上の園芸種がある。

season

花…3～4月（冬咲きの品種もある）。八重桜の塩漬けをつくる。

実…5～6月。食用にするサクランボの木以外でも実はつくが、苦いものが多い。つぶしてお絵かき遊びやままごとに使う。

枝葉…4～10月。草木染めに使う。枝葉は開花前の3月頃、落ち葉でも染められる。どれもピンク色に染まる。

サクラの品種は非常に多く、野生の原種をもとに、江戸時代にはすでに多数の園芸種が生み出されていました。たくさんの品種の中から、好みで選べるのが楽しいです。公園や学校で多く見られるソメイヨシノは、まず花が咲き、花吹雪のあとで葉が開くところなどが、日本人好みといわれています。

花の塩漬けは八重桜でつくります。祝いごとに桜茶としてふるまわれますね。わが家では、おにぎりにものせます。桜もちに使うのは、香りが強く口当たりがよい大島桜の葉の塩漬け。ほかの品種でも、若葉や花を天ぷらにできます。

草木染めもおすすめです。枝葉を使うのに、桃茶色に染まります。煮出すときは、甘い桜もちの香りが広がります。

ここ数年、桜が満開の時期にミツバチが来ないことが心配です。ネオニコチノイド系農薬*が原因ともいわれていますが、サクラ文化とともに、自然環境にも目を向け、大切にしていきたいものです。

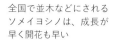

桜が足りなかったら、
春の野の花を足してもOK

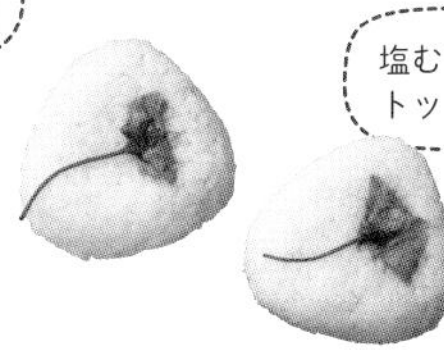

塩むすびに
トッピング

食べる

八重桜の塩漬け

塩漬けにすると、かわいいピンク色と香りを長期間保存できます。サクラの花が足りないときは、菜の花など春の花を混ぜて塩漬けにします。

〈つくり方〉

1. 八重桜の花を摘んで洗い、ザルに10～20分あげて水を切る。
2. 花の重さの半量の塩をまぶす。
3. 容器に入れて重しをし、2日ほどで水が上がったら全体をもんで軽くしぼり、水分を捨てる。
4. ほぐして梅酢をひたひたに注ぎ、1週間ほど漬ける。
5. 取り出して水分をしぼり、ザルに干す。水分が抜けてしっとりした状態になったら、冷ました焼き塩（100gの生花に対して小さじ1/2）をまぶし、密閉容器に入れて保存する。

つくる

草木染め

枝葉を細かく切って煮出し、布を浸します。3日間くらい煮て浸す、を続けると、色が濃くなります。

桃茶色に染まる

煮ると、
桜もちのような
甘い香りが!!

あそぶ

さくらんぼの絵の具

酸っぱくて食べられない実も、つぶすと濃い赤紫色になり、お絵かきや色遊びにぴったりです。

さくらんぼ

ほしい木⑮

ザクロ

甘酸っぱいつぶつぶの実
安産&子宝の縁起樹です

木にならせたまま完熟させると、甘みが増す

八重咲きの花もあるが、実がつくのは一重咲き

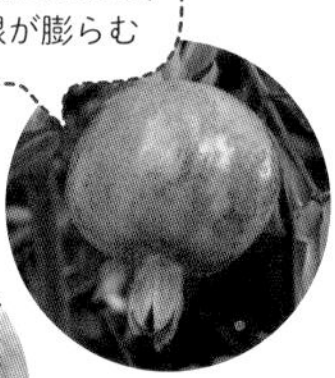

花が取れたあと、つけ根が膨らむ

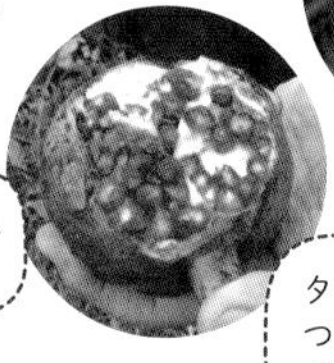

タネを煎じて飲むとのどがスッキリ

タネのまわりについているゼリー質を食べる

data

ミソハギ科　柘榴

［**生える場所**］公園／庭

［**木のタイプ**］落葉／中木

九州から本州の暖地に庭木として植栽される。

season

花…6～7月。花を観賞するための品種で、実がならないものもある。

ガク…6～7月。自然に落ちたものを拾い、ままごとなどに使う。

実…10～11月。割れると食べ頃。タネは煎じてお茶にする。

朱色の花は明るく美しく、観賞用にも人気があります。木は一般的に、斜めに倒れそうになるといろいろな態勢をとりますが、ザクロの場合は、幹をねじって踏ん張ろうとします。木の形にも、生き残る知恵と工夫がつまっています。

花が落ちたあとのガクは、子ダコのようで愛らしく、果実はそのガクを残したまま育ちます。果実を割ると、宝石のガーネットのような赤い粒が入っています。タネのまわりを甘酸っぱくてさわやかなゼリーが包んでいるのです。

あそぶ

ザクロのおもちゃ

ガクはタコ、実は小さな穴をあけて目にしたら、ブタに!? おままごとでは、タコさんウィンナーになっちゃいます。

＼タコさん／

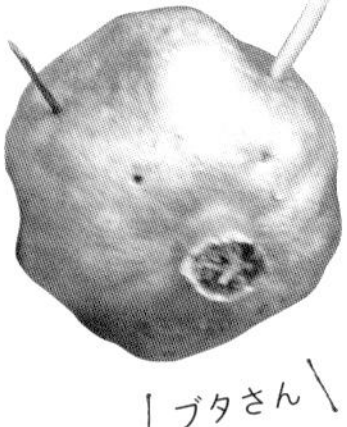

｜ブタさん＼

ほしい木 16 サンシュユ

黄色い花がさびしい庭をにぎわせて
薬にもなり、ヨーグルトもできる？

新葉が出ないうちに黄色い小花が集まって咲き、全体が黄色に見える

お茶や果実酒やジャムもつくれる

葉脈がきれい！

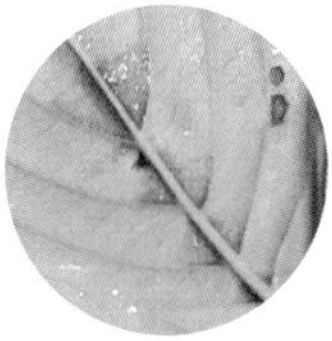

葉の裏側に、一見汚れのようにみえる毛が生えるのが特徴

data

ミズキ科　山茱萸

［**生える場所**］公園／庭

［**木のタイプ**］落葉／中木

中国、朝鮮半島原産。北海道から沖縄の各地で、公園や庭に植栽される。

season

花…3～4月。黄色い花が、葉が出る前に咲くのでよく目立つ。

実…10～12月。果実酒やジャムにする。

枝葉…4～9月。枝葉を摘み、牛乳に浸してヨーグルトをつくる。

葉が出るより先に小さな黄色い花をたくさん咲かせるサンシュユは、春先に寂しい庭を賑わせる木として、庭に好んで植えられます。秋にはグミの実に似た赤い実が鈴なりにでき、〝アキサンゴ〟とも呼ばれます。もとはこの実を乾燥させると漢方薬になるとして、江戸時代に朝鮮半島から導入されたようです。

卵型の葉は葉脈が美しく、思わずじっくり眺めてしまいます。ヨーロッパにはセイヨウサンシュユという種類があり、昔はその枝葉を牛乳に浸し、乳酸発酵させてヨーグルトをつくったそうです。

あそぶ

サンシュユ ヨーグルト実験

枝葉を牛乳に入れて40～50℃に温め、保温ポットで一晩おきました。乳酸菌なのか、別の菌なのか、とにかく酸がまわったようで、固まりました。

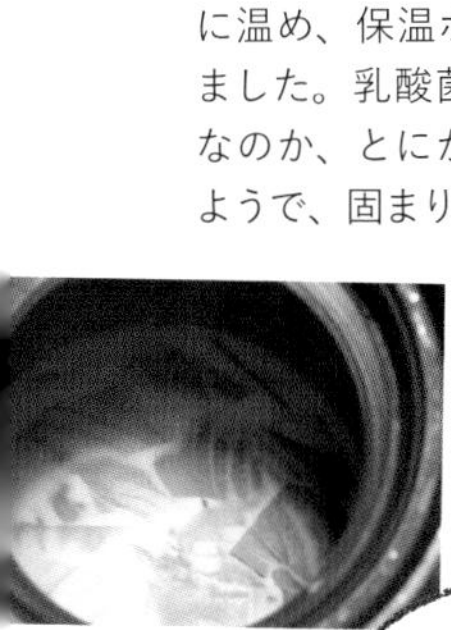
不思議な味。植物っておもしろい

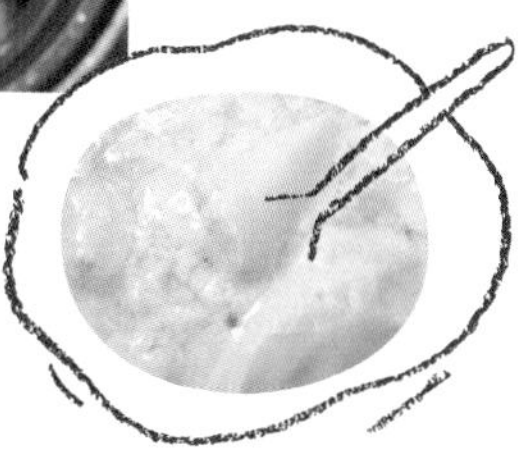

放置すれば3～4mになるが、剪定すれば地植えでも大きくならない

ほしい木⑰
サンショウ
四季を通して楽しめる日本最古のスパイス

data

ミカン科　山椒

［**生える場所**］野山／公園／庭

［**木のタイプ**］落葉／低木

北海道から九州の各地に分布する。トゲなし品種の朝倉山椒は雄雌同株で、1本でも実がなる。

season

若い芽…3～4月。先端から5～6cmを摘み取り、佃煮にする。

実…8～10月。青い実を摘んで干し、タネを除いて粉山椒にしたり、醤油漬けをつくる。

枝…11～2月。落葉したら太い枝を切り出してすりこぎをつくる。

6～7月に青い実がなる

産卵にきたアゲハチョウ

四季折々で利用でき、低木で大きくならないサンショウは、鉢植えや庭植えにぴったりの木です。春の新芽は、甘く煮詰めて佃煮にします。新芽の佃煮は刺激がマイルドでおいしいので、春の楽しみです。初夏になる青い実も佃煮にできますが、私には少々辛みが強すぎます。

成長した葉は料理に添えて楽しみます。葉を光に透かすと白い点が見えますが、この中に香りの成分が詰まっています。手のひらにのせ、パン！　とたたくと香りがたち、豆腐などに添えると食欲が増します。花は「花山椒」と呼ばれ、塩漬けや佃煮にできます。

6月に青い実がなりますが、苗木づくりのため、毎年実は食べずに秋まで完熟させ、タネをまいています。青い実を少しとり、乾燥させて粉山椒をつくってみました。本当は秋の実の果皮でつくるようですが、香り高さはじゅうぶん。スパイスとして活躍してくれます。

かすかに
サンショウの香り

つくる

すりこぎ

サンショウの幹には殺菌作用があり、さらに木質が緻密でかたいことから、昔からすりこぎの材料に使われています。成長がゆっくりなので、太い幹は貴重です。

〈つくり方〉

直径2～3㎝くらいの幹を切り出し、枝を落とす。手で持つ部分とする先の部分はナイフで樹皮を削り、全体にやすりをかけて表面をすべすべにする。

食べる

粉山椒

青い実を枝からはずし、干しておくとパチンとはじけます。タネを除き、果皮を粉末状にすれば粉山椒になります。

実から
ひとつひとつ
タネを外します

いい香り！

食べる

若い芽の佃煮

砂糖（50g）、醤油、みりん、酒（各50mℓ）を鍋に入れ、とりたての若い芽（50g）を洗って加え、煮詰めます。煮汁が少なくなったら完成。仕上げに白ゴマをふります。

ひと握り分の
若い芽で
つくります

辛すぎず、
食べやすい

ほしい木 18

シュロ

樹皮の繊維は縄やタワシに
葉は工作に使え
南国を思わせる木

トウジュロ。葉先がピンと張るのが特徴。ワジュロは葉先が垂れる

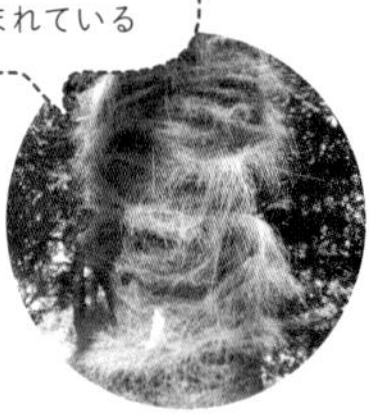

幹は繊維の皮で包まれている

ワジュロの日傘

data

ヤシ科　棕櫚

［**生える場所**］野山／公園／庭

［**木のタイプ**］常緑／高木

ワジュロは九州南部原産の在来種。耐寒性が強く、東北から沖縄まで分布する。

season

花…5～6月。雌雄異株で、雄花は黄色でボリュームのある花が咲く。

葉…1年中。細い葉を編んでかごをつくったり、工作に使う。

つくる

ハエたたき

葉を縦に割き、つけ根を20㎝くらい残して葉先を切り、糸で編む。葉を編むと、取っ手つきのザルや草バッタもつくれます。

10年以上使えます

扇のように開いた葉が南国らしく、なんとも陽気で明るい木です。わが家では昔、毛むくじゃらの樹皮をいかし、倒木を水路に置き、土留めにしていました。祖母は樹皮の繊維を丸めてタワシにし、風呂釜や煙突の掃除に使っていました。

日本には九州南部原産とされるワジュロがありますが、公園や庭などに植えられるものは、葉が垂れ下がらないトウジュロが多いようです。実がたくさんなり、それを鳥が食べてタネで簡単に広がることから、国や県の外来種リストに載っています。植物との新しいつき合い方が求められています。

食べて、使って、遊んで

人間と植物の、新しいおつき合い

身近な植物の中には、
「増やしてはいけない」ものがあります。
でもそうなったのは、人間が原因なのです。
まちの自然と「里山」や「里庭」のようにつき合ってみませんか?

身近にある「外来種」

植物の中には、風や鳥が運んだタネで増えたり、地下茎でぐんぐん範囲を広げたりして、繁殖力がとても強いものがあります。その中でも、増えすぎてしまうとその地域の生態系に影響を与える恐れがある「外来種」を、国はリストにしています。外来種には、国外から導入されたものだけでなく、国内のある地域に限定的に自生していたのが、人間によってほかの場所に持ち込まれ、広がってしまったものも入っています。

右ページで紹介したシュロや、タケは、じつは国が定める外来種のリストに入っています。そういうと、なんだか怖い植物のようですね。でも、植物が悪いわけではありません。もとは人間が利用するために植えたものが、人間の生活スタイルが変わるにつれて利用管理されなくなり、その結果増えすぎてしまったものも多いのです。

新しいつき合い方

例えば古く中国から来たモウソウチクなどは、昔は生活道具をつくる材料として重宝されました。そして屋敷まわりに竹林がつくられました。でも、農業の衰退や工業製品が増えたことで竹製品が使われなくなり、放置され、伸び放題状態になる竹やぶが増えていったのです。

人と自然の関わりが減ったことで、植物の変化が抑えられなくなってきたと感じます。この本では、植物を材料にして、とことん遊んだり、使ったり、食べたりしています。それは、そうすることが自然のしくみを知り、管理し、守っていくことにつながると考えているからです。

人間の生活を昔のように戻すことはできませんが、新しい価値観で自然と付き合うことはできます。遊びに使ったり、お茶にしたりお風呂に入れたり…。地域の自然や地球の環境のことを学びながら、公園や河川敷、学校などをまちの里山、里庭として利用し、見守っていけたらと思います。

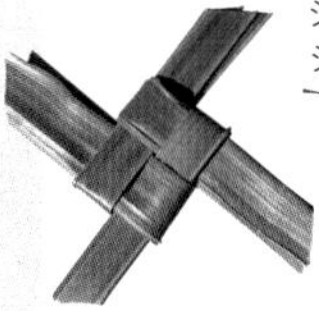
シュロのシュリケン

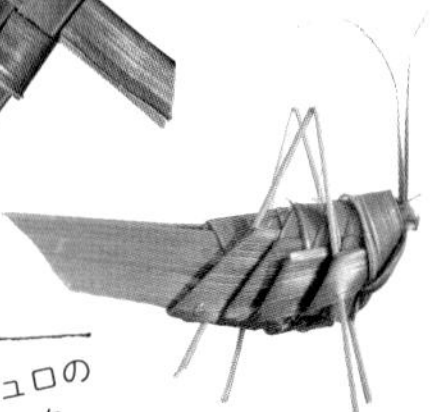
シュロのバッタ

上／竹の鉄砲は、今も昔も子どもに人気。夏の水遊びにも欠かせない！
右／間伐代わりに竹を押し倒し遊んだ子どもたち。皮をむくのも遊びになる

ほしい木 ⑲

タケ

おいしいタケノコに
暮らしや遊びの工作にと
一年中役立ちます

日本最大のタケ、モウソウチク。最大で1日に1m以上成長するといわれる

キンメイモウソウ

マダケ

クロチク

data

イネ科　竹

［生える場所］ 野山／公園／庭

［木のタイプ］ 常緑／高木（有節植物）

寒冷地帯以外の世界各国に自生し、1,200～1,400種あると考えられている。日本では本州、九州の各地に分布する。庭植え注意。地下茎で増える。

season

たけのこ…3～5月。品種によって出る時期が変わる。

皮…6月頃。成長した芽からはがれ落ちた皮を拾う。洗って干し、食べものの下に敷いたり包んだりする。

稈…11～2月。切り出しておもちゃや暮らしの道具をつくる。

タケは日本人の暮らしにとても身近な植物で、自然遊びや畑の保育室をやっているわが家にとっては、とくに欠かせない存在です。4月はタケノコ掘り、5月は竹皮拾い、夏は流しそうめんの樋《とい》にし、秋は竹筒でご飯を炊きます。そして冬は、ものづくりに使うためのタケを切ります。

秋から冬は根からの水あげが止まり、この時期に切ると虫が入りにくくなります。また、1年目のタケは、やわらかく弱いので避けます。モウソウチクなら、幹が白く粉をふいているものが1年生です。うちの物干しざおは毎年冬に切って、更新しています。ほかにも、ザルやハンガー、箸、コップ、皿、ものさしなど、暮らしの雑貨の材料にもなります。

最近は放棄竹林が増え、繁殖しすぎたタケが野山に逃げ出すという問題もあります。竹林は使うのが一番よい管理法です。これからは、竹材を欲しい人が竹林を管理できる仕組みが必要になると思います。

皮の水分で
甘く感じる

食べる

竹皮でおいしく包む

竹皮で包んだおにぎりは、空気を通すので蒸れません。また、梅干しを包んでしぼりだす「梅干しチューチュー」は、子どもたちに人気のおやつです。

〈梅干しチューチューのつくり方〉

ぬらしてやわらかくした竹皮に梅干しの果肉を包み、折りたたんで隙間から吸う。

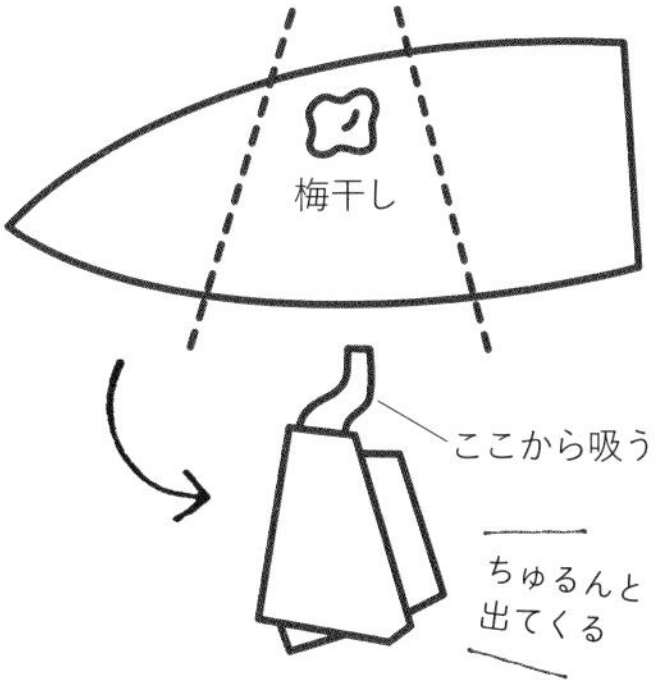
梅干し
ここから吸う
ちゅるんと
出てくる

タケノコ掘り

節からがばっとはがれる頃が採りどき

あそぶ

タケのおもちゃと楽器

昔はタケでつくるおもちゃがたくさんありました。筒状の形や節を利用すると、楽しいものがいろいろできます。

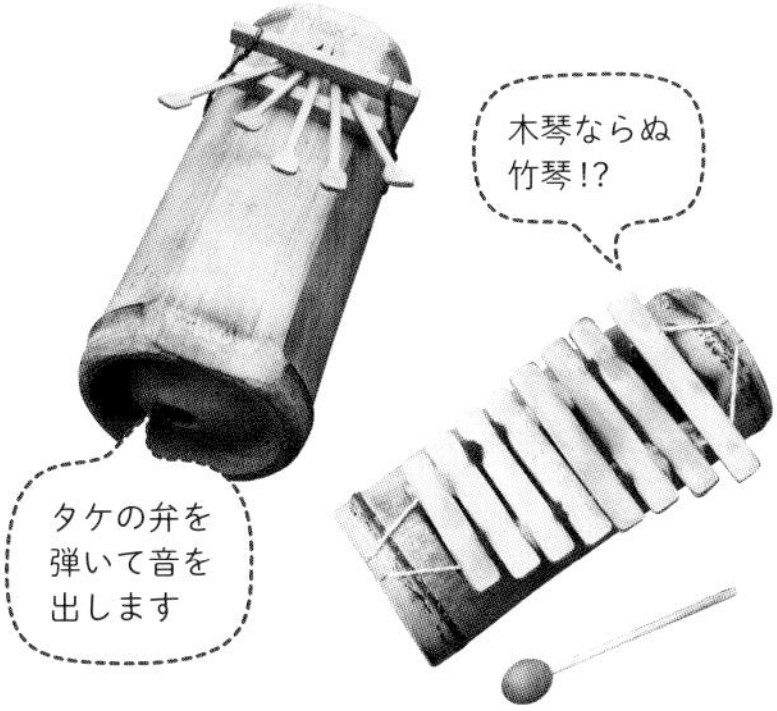
木琴ならぬ
竹琴!?
タケの弁を
弾いて音を
出します

竹馬はマダケが
つくりやすい

ほしい木 20

ツバキ

つややかな葉と花が古来から親しまれています

ヤブツバキ。手入れをしない野生の木は3mにもなる

サザンカ

ツバキは花が
首ごと落ちる

タネが落ちたあとの、殻のコマ

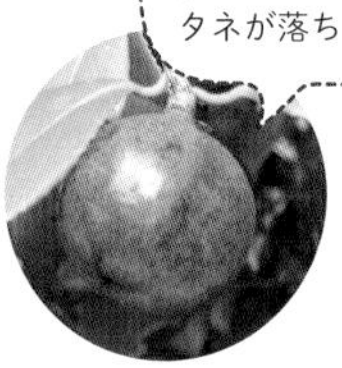
実もツヤツヤ。
秋にはじけて
タネが落ちる

data

ツバキ科　椿

［**生える場所**］野山／公園／庭

［**木のタイプ**］常緑／中木

日本原産。ヤブツバキは代表種で、本州から九州の海岸地帯から山地に自生する。

season

花…品種によって開花時期が変わる。おもな品種は11～2月、3～4月に咲く。開花直前のつぼみを干してお茶にする。

実…9～12月。熟すとタネを包む殻が割れ、大きなタネが3個出てくる。

葉…1年中。工作に使う。

つやつやした厚い葉と、グレーがかったなめらかな幹。花が咲いていない時期にもよく目立つ木です。冬は甘党のメジロやヒヨドリが蜜を吸いに来る姿をよく見かけます。

大人の自然観察会でよく出る話題は、ツバキとサザンカの見分け方。一般的な違いは、花の散り方です。ツバキは首ごと、サザンカは花びらがバラバラに落ちます。花が咲いていない時期には、葉の裏と枝の先を見てみましょう。ツルっとしているのがツバキ、サザンカはよく見ると、細かい毛が生えています。

あそぶ

葉っぱの草履

葉が厚いので、ちぎってもボロボロになりません。

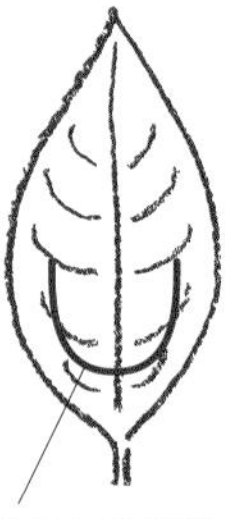

縦に2つ折りにして赤線の部分を手でちぎり、葉柄を葉の先に刺す

ほしい木 21 ナンテン

実は咳止め、葉は防腐作用あり
難を転じる魔除けの木

緑起がよく、災いを避ける木とされ、玄関やトイレ付近や鬼門の方角に植えられる

小さな白い花が集まって、日陰でも咲く。

紅葉も美しい！

葉と実でつくるナンテンネズミ

data

メギ科　南天

［**生える場所**］野山／公園／庭
［**木のタイプ**］常緑／中木

中国原産。本州から九州の暖地では自生し、各地で植栽されている。

season

実…11～2月。食用にはならず、飾りに使う。白い実ができる品種もある。
葉…1年中。抗菌作用があるので、生葉を食べものの上に飾ったり、弁当箱に入れたりする。二日酔いや胃もたれしたとき、葉を1枚かむ。

ナンテンは「難を転じる」とされ、正月飾りに使われます。行事に使われる植物は、ダジャレのような語呂合わせに笑ってしまいますが、ナンテンには薬効もあります。実は咳止めになり、葉を1枚かんで口に含むと、ほのかな苦みで口や胃がさっぱり。油ものを食べ過ぎたあとは、のど飴ならぬナンテンの葉です。

切ってもすぐ大きくなるので嫌われることもありますが、枝は風呂に入れるといいでしょう。これぞ薬湯という色になり、肌によいといいます。どんどん使って難を福に転じたいものです。

くらす

鏡もちの飾り

毎年年末にもちをつき、小さな鏡もちをたくさんつくります。ウラジロというシダ科の葉を敷くこともありますが、ナンテンも素敵です。実も飾りにします。

防カビ効果もあります

ほしい木 22

ニッケイ

根はピリッと辛く
葉はよく香り
お茶にお風呂に大活躍

3本のはっきりした葉脈が、ニッケイの特徴

data

クスノキ科　肉桂

［**生える場所**］野山／公園／庭
［**木のタイプ**］常緑／高木

本州の温暖地から沖縄の各地に分布する。沖縄や鹿児島の徳之島では自生が見つかっている。

season

葉…1年中。葉を摘んで干し、お茶、入浴剤にする。草木染めに使う。

根…12〜2月。細根を掘り起こして洗い、干して乾燥させる。細かく切って香りを楽しんだり、粉末にしてお菓子に使ったりする。

昆虫…5〜11月。アオスジアゲハが見られる。

セイロンニッケイ

ニッケイ

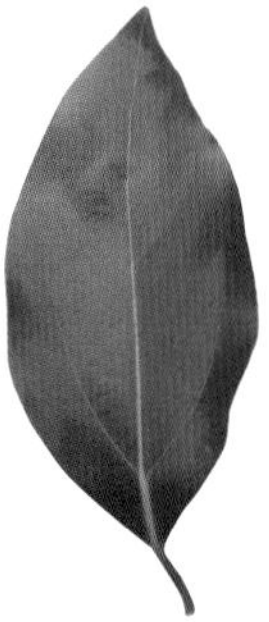

ヤブニッケイ

根をかじると、甘い香りとピリッとした辛み。まさに、京都土産の八ッ橋の「ニッキ」を思い出す味です。ニッケイを駄菓子屋で買ってかじったという話を、年配の方からよく聞きます。よその家の庭先にニッケイがあり、こっそり根を掘りに行った、という話もありました。

ニッケイはもともと、熱帯や亜熱帯に自生し、古代から薬木《やくぼく》として利用されてきました。セイロンニッケイ（シナモン）やシナニッケイ（桂皮）が樹皮に香りと甘みがあるのに対し、ニッケイは根に強い香りと辛みがあるのが特徴です。

また、ニッケイはアオスジアゲハの食樹《しょくじゅ》です。葉の裏で蛹《さなぎ》になると、その背には三本の筋があり、ニッケイの葉にそっくり。自然の造形美に感動します。

エメラルドグリーンに輝くアオスジアゲハ

蛹の背の模様に注目

食べる

葉っぱのお茶

枝ごと切った葉を束ねて日陰で干します。細かく切ってビンで保存し、番茶などとブレンドして飲みます。

乾いたら、
お茶やお風呂に
使えます

気づいたらニワトリがゴクゴク飲んでいた

煮出した液をお風呂に入れるのもおすすめ！ いい香りで温まります

つくる

根のスティック

乾燥させて短く切り、シナモンスティックのように紅茶をかき混ぜたり、すりおろして粉にしてお菓子に使ったりします。やすりで磨いて紐をつけ、触れるたび香るストラップにするのも素敵です。

熱い紅茶を
かき混ぜると、
甘い香り

皮をはいで磨くと
つるつるになります！
根ックレス！

つくる

生葉のリース

光沢のある葉は見栄えがします。クズのツルで土台の輪をつくり、葉つきの枝を麻ひもで巻きつけます。アジサイとスモークツリーの花、ユーカリの葉も一緒にアレンジ。

ほしい木 23

ノイバラ

ほのかに香る「野ばら」
かわいい実は甘酸っぱい

白い可憐な花が咲く。ほのかな香りに虫が集まる

珍しい
ピンクの花

小さな赤い実がノイバラの実。クリスマスの頃赤くなる

赤い実は鳥も
よく食べに来る

data

バラ科　野茨

［**生える場所**］野山／公園

［**木のタイプ**］落葉／低木

日本原産の野生のバラ。北海道から九州の各地に自生する。

season

花…5～6月。栽培種のバラは四季咲きで年に2回咲くものがあるが、ノイバラは1回だけ。花数は多い。

実…10～12月。そのまま食べたり、ジュースにする。リースの材料にする。

ノイバラは「野ばら」とも呼ばれる、バラの野生種です。日当たりがよく日陰にならない場所ならどこにでも生え、無農薬、無肥料でもたくさんの花を咲かせます。

花の香りは園芸種のように強くなく、色もたいていは白です。ただごくまれにピンクになるものがあり、かわいらしいのでわが家では挿し木で殖やしています。

実は甘酸っぱくてとてもおいしい。小梅の飴のようで、一度食べたら大ファンになりました。昔は利尿剤や便秘の薬として使われたそうです。

食べる

青梅とノイバラのジュース

青梅といっしょにノイバラの花を白砂糖に漬けてエキスを抽出。梅ジュースのように水で割って飲みます。

砂糖は
青梅+ノイバラ
の1.1%の重量

ほしい木 ㉔

ヒメシャラ

自然な樹形と赤褐色の幹が美しく
シンボルツリーとして人気

雑木林の中のヒメシャラ。遠くから見ても幹の色が目立つ

タネが落ちても
カラは枝に
ついたまま

花もシャラノキより小さいが数は多い

つるつる！

葉が落ちると枝振りの美しさが際立つ

data

ツバキ科　姫沙羅

［**生える場所**］野山／公園／庭

［**木のタイプ**］落葉／高木

在来種で、本州の暖地、九州に分布する。

season

花…6～7月。ツバキより少し小さめの花が咲く。

実…10～11月。実がはじけ、タネが落ちたあとの殻を工作に使う。

枝…12～2月。剪定枝を工作に使う。

ヒメシャラは、全体がシャラノキよりやや小さいことからその名がつき、赤褐色の美しい幹が特徴の木です。夏に白いツバキに似た花が咲きますが、咲くと一日でぽとりと落ちてしまいます。

玄関まわりの木は、かつては門かぶりの松、またはサルスベリなど花が印象的な木が人気でした。やがて洋風の家が増えるとミモザやオリーブが流行り、最近は自然樹形の雑木が人気で、ヒメシャラが植えられるようになりました。玄関の木の変遷は、人の心や町の変化を映す鏡のようです。

つくる

キャンドルスタンド

剪定枝を輪切りにしてやすりをかけると、天然の積み木になります。木の実などを木工用ボンドでくっつけ、まん中にロウソクを立てると素敵です。

溶けたロウで
くっつく

ほしい木 ㉕

ビワ

実もおいしくて葉も使える
手当てにも欠かせません

剪定をしないと、4m以上になり葉もよく茂る

タネを植えて実がなるまで5～6年かかる

花は冬に咲く

1年以上落葉せず、20cm以上になる葉もある。古い葉のほうが薬効が高い

data

バラ科　枇杷

［生える場所］野山／公園／庭

［木のタイプ］常緑／高木

本州の暖地、九州に分布する。在来種もあるが、現在栽培されているのは、中国から導入されたもの。

season

花…11～2月。干してお茶にする。

実…5～6月。熟した実をとり、そのまま食べたり、ジャムにしたりする。

葉…1年中。大きな葉をとって干し、お茶や入浴剤にする。生葉で草木染めをする。焼酎漬けをつくる。

ビワは実を食べられるだけでなく、昔から葉やタネが民間薬として使われてきました。冬に咲く花は香りがよく、お茶になります。わが家でも、暮らしの中でよく利用する木のひとつです。木が成長すると、食べきれないくらいたわわに実がなります。ジャムやコンポートは初夏の楽しみです。実をよくつける「なり年」と「不作年」を繰り返しますが、秋につぼみのついた房を全体の3割ほど間引くと、なりかたの変動が少なくなります。

葉の焼酎漬けは、常備薬にしています。切り傷、虫刺され、やけどなどに使い、風邪でのどが痛くなりだしたら、口を開けてのどめがけて「プシュー」っとかけます。旅行や子どもとの散歩には、絆創《ばんそう》膏《こう》と焼酎漬けが必需品。小さなスプレーボトルに入れて持ち歩いています。

ビワは食べ終わったタネから簡単に芽が出て、実もよくつけます。空き地や土地の境目に生えているビワの木は、鳥がタネを運んだものでしょう。

おいしいね！

食べる

ビワジャム

そのまま食べてもおいしく、ジャムもできる。糖分が多いので酵母も起こしやすい。

〈つくり方〉

1. ビワは洗って皮とタネを取り除き、鍋に入れる。
2. ビワの重量の半量の砂糖を加えて火にかける。
3. 沸騰したら弱火にし、20分ほどかき混ぜ続けて完成。

手でがしがし
皮をむき、
タネを取ります

つくる

葉の焼酎漬け

葉を刻んでビンに入れ、焼酎を注ぐ。約3カ月で焼酎の色が濃くなったら完成。傷や虫刺されに使えます。

タネを漬けても
同じように使えます

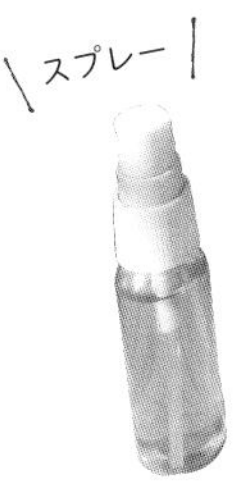
スプレー

つくる

草木染め

媒染剤を使わなくてもよく染まるので、草木染めではイチオシの素材です。ピンク系の色に染まります（21ページ参照）。

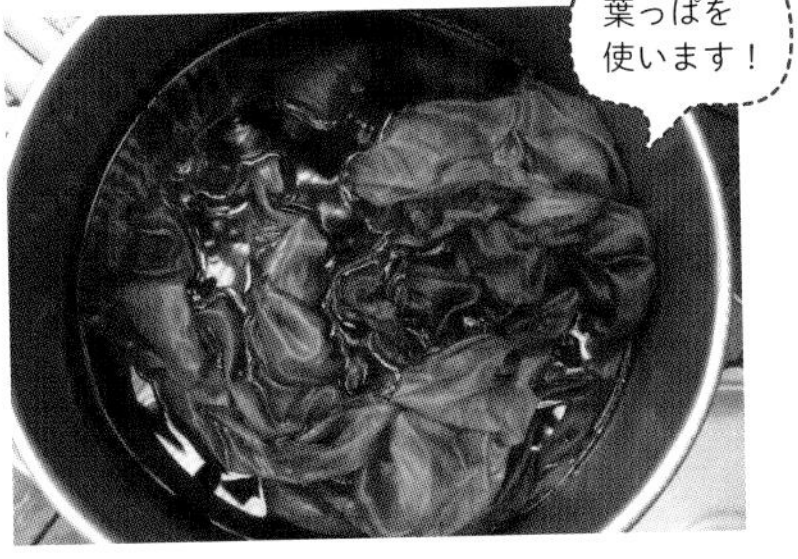
葉っぱを
使います！

ほしい木 26

フジ

万葉集にも歌われる初夏の花
かわいいタネでも遊べます

万葉集に歌われるなど、古代から親しまれてきた。樹齢100年以上の木もある

白い花が咲く品種もある

発芽した!

太くなったつるは竜のよう！

data

マメ科　藤

［生える場所］ 野山／公園／庭

［木のタイプ］ 落葉／つる性・高木

日本原産。本州から九州の各地に自生し、公園などでは藤棚を設けて植栽される。

season

花…4〜5月。長い穂のような花が垂れ下がって咲く。甘い香りがする。

実…9〜11月。サヤが弾けてタネが落ちる。タネをおもちゃにする。植えると、よく発芽する。

フジの花が満開になると、クマバチが乱舞します。蜜を集めるためにクマバチが花に顔を突っ込むと、その重みで花びらが押し下げられ、隠されていた雄しべと雌しべが現われます。そうして花粉まみれで花から花へ飛び回ることで、フジの受粉を手伝っているのです。

　花が咲いたあとは豆のサヤが垂れ下がり、そのうち自然に弾けます。パーンと部屋で音がして驚いたら、公園で拾ってきたサヤが弾けた音だった、ということもありました。

あそぶ

タネのおはじき

タネは薄っぺらくて、片面は平ら。ちょっと軽めですがおはじき遊びができます。おはじきケースは、ダイミョウチクの竹筒に、ワインのコルクで蓋をしたもの。

ほしい木 27

ホオノキ

葉も花も実もすべて大きいおどろきの木

若い木の葉。大人の手のひらより大きくなる

花も大きくいい香り

七輪で朴葉味噌を焼きます

実は大人の手のひらほどの大きさ

data

モクレン科　朴木

[生える場所] 野山／街路樹／公園

[木のタイプ] 落葉／高木

日本原産。北海道から九州の各地に自生する。

season

花…5～6月。葉の上に白く大きな花が咲く。甘い香りがする。

葉…5～9月。葉を摘んで食べものの下に敷いたり包んだりする。

落ち葉…11～12月、朴葉味噌をつくったり、凧にして遊ぶ。

大きな葉を使った「朴葉《ほおば》味噌」や「朴葉ずし」でも知られるホオノキは、花も大きくとてもよい香りがします。ただ、山では樹高が何十メートルにもなるため、葉の上で太陽に向かって咲く花に気づくことはまずありません。ゾウのうんこか!?と、つい言いたくなるほど大きな実が落ちているのを見つけて、ようやく頭上の大きな葉に気づくこともあります。

秋に拾った落ち葉は、七輪の網の上にのせて朴葉味噌をつくるほか、お面にしたり、凧《たこ》上げの凧にしたり、秋から冬にかけて楽しめます。

あそぶ

葉っぱの凧

タコ糸を葉の中心につけて5mほどたらします。タコ糸を持って走ると凧が上がります。

凧のしっぽには紙テープを使う

ほしい木 28

マタタビ

虫《むし》こぶ果《か》は漢方薬
人も猫も元気になります

開花期に葉が白くなる。花が終わると緑色に戻る

同じ枝にふつうの実と虫こぶ果がつく

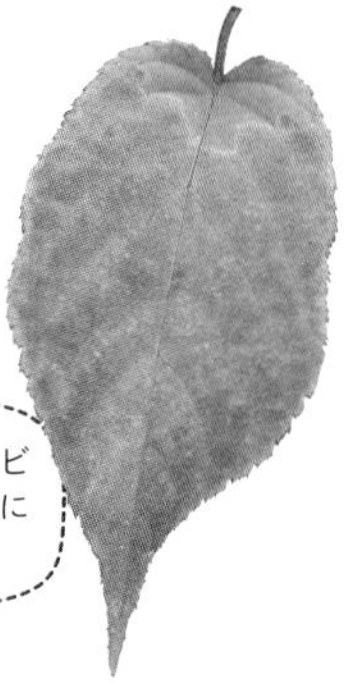

ミヤママタタビの葉は開花期にピンク色に

ウメに似た花は別名「夏梅」と呼ばれる

data

マタタビ科　木天蓼

［**生える場所**］野山

［**木のタイプ**］落葉／中木（つる性）

東アジアに広く分布し、北海道では平地で、それ以外では九州までの各地の山間地で見られる。

season

実…9～10月。ふつうの実や虫こぶ果をとり、マタタビ酒を仕込む。

枝葉…5～8月。枝ごと摘んで干し、お茶、入浴剤にする。飼い猫に食欲がないとき、エサに少しだけ刻んだ生葉を混ぜる。

ツル…11～1月。葉の落ちたツルをとってかごをつくる。

マタタビは薬効に富む植物です。「疲れた旅人が実を食べて、また旅（マタタビ）に出られるようになった」という話が名前の由来だという説があるほどです。

果実は、熟しても辛みが残るので生では食べず、アルコールに漬けたマタタビ酒が有名です。つぼみに虫が入ると実がカボチャ型に変形して育つのですが、その〝虫こぶ果〟でつくるマタタビ酒は、冷え症や神経痛に効くといわれています。

お酒が飲めない人は、マタタビ酒をお風呂に入れましょう。とても温まります。お風呂には枝葉を刻んで煮出した液を入れてもいいですね。お茶として飲むこともできます。

そして、マタタビといえば「猫にマタタビ」。猫を刺激する成分が含まれていて、生でも乾燥していても、枝葉に気づくと、猫はみるみるうちに興奮します。食欲をなくした猫のエサにマタタビの葉を混ぜたら、よく食べてくれました。

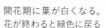

食べる

マタタビ酒

虫こぶ果を使ったほうが薬効が高いといわれますが、ふつうの実でもつくれます。

〈つくり方〉

実(虫こぶ果)と同量の砂糖を容器に入れ、ホワイトリカーを容器いっぱいに注ぐ。3〜6カ月漬けて、液が琥珀色に変わってきたら飲める。

砂糖は氷砂糖でもOK

虫こぶ果は木天蓼(もくてんりょう)という生薬になる

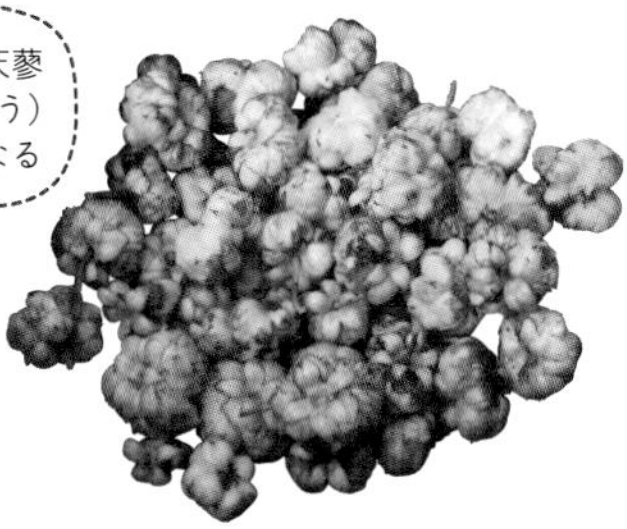

あそぶ

猫のおもちゃ

猫は茎で遊ぶのも大好き。ただ冬場の茎は香りが弱いのか、首輪をつくっても無関心です。

つくる

ツルのかご

茎はつる性で、弾力があるので編みやすい。写真のような小さなかごなら、1時間くらいで編み上がります。

緑色の部分はヘクソカズラ

ツルの首輪

マタタビの葉入りキャットフードは、猫が食欲がないときに。くれぐれもあげすぎないように!

ほしい木 29

マツ

不老長寿の象徴で
子どもの遊びの材料にも
風呂で疲れを癒やすのにも使えます

クロマツの雌花。つけ根に前年できた松ぼっくりがついている

服を脱ぐように、葉が殻を押し上げる

クロマツの雄花。花粉を飛ばすと落ちる

data

マツ科　松

［**生える場所**］野山／公園／庭

［**木のタイプ**］常緑／高木

日本原産。クロマツは東北から九州、アカマツは北海道から九州に自生する。

season

葉…1年中。生葉を煮出してお茶、入浴剤にする。生葉をかむと口の中がさっぱりする。

松ぼっくり…10～12月。拾って遊びや飾りに使う。松の種類によって大きさや形が違う。

若いとき、「不老長寿の妙薬」という言葉にひかれて松葉酒をつくったことがありました。新芽に砂糖と水を注ぐと、蓋を押し上げる勢いで発酵しました。松葉を煮出したお茶も同じ風味がしますが、なんとなくお砂糖を入れたくなる味です。

寒がりの人は松葉風呂に入るとよいと聞いて、松葉を煮て漉した液をお風呂に入れてみました。するとからだがぽかぽかして、朝まで熟睡。すっきり目覚めました。冬にはとくにおすすめです。

あそぶ

松葉のメガネ

針のような葉が2本一組になっているクロマツやアカマツを、針金のように曲げて形をつくる。

受粉すると実をつけるが、その年はほとんど大きくならず、2年目の秋に熟す

ほしい木 30 マテバシイ

大きくて殻のかたいどんぐりは遊びや工作に大活躍

data

ブナ科　馬手葉椎

［**生える場所**］野山／河川敷／街路樹／公園／庭

［**木のタイプ**］常緑／高木

日本の固有種で、本州の暖地から沖縄の各地に分布する。古くから広く植栽されたため、どこまでが自生かは不明。

season

花…6月頃。雌雄異株。雌花は目立たない。

実…9月頃～。どんぐりや果軸を拾う。他のどんぐりより落ち始める時期が早い。ゆでて食べるほか、粉末にしてクッキーをつくる。

果軸に殻斗（かくと）がついた状態で落ちる

6月頃に雌花が咲く

マテバシイはもともと、九州以南の暖かな地域に自生する木でしたが、今では日本各地で見られます。冬も葉が落ちず、病害虫や乾燥にも強く丈夫なことから、防風や防火を目的として屋敷の庭に植えられたほか、学校や公園、街路樹と、いたるところの植栽に使われています。

マテバシイはロケット型の大きなどんぐりが実ります。これが工作の材料に最適。実の底を道路でこすって削り、中身を釘で取り出してつくるどんぐり笛は、子どもの遊びの定番でした。どんぐりをたくさん集めてビンに入れたり、テーブルに広げたりすると、大人も子どもも、創作意欲がかきたてられますね。

また、マテバシイのどんぐりはアクが少なくおいしいです。アルミホイルで包んだマテバシイを焚き火に投げ込んで蒸し焼きにすると、かすかに栗の味がします。中身を荒くすりつぶして小麦粉と混ぜてつくるドングリクッキーは、ざくざく香ばしくて子どもたちも大好きです。

ザクザクの食感！

食べる

どんぐりクッキー

縄文人も食べた!? どんぐりクッキーですが、どんぐりの粉だけよりも、小麦粉を混ぜるほうがおいしくできます。

〈つくり方〉

1 マテバシイの殻をペンチなどでつぶして中身を取り出し、すりこぎでつぶし、粗く粉末にする。

2 バター50gと砂糖50gをすり混ぜてクリーム状にし、マテバシイの粉50g（約40個）、小麦粉100gと混ぜて生地をのばす。

3 丸めて扁平な形にし、マテバシイのかけらをのせて180℃のオーブンやトースターで20～30分焼く。

あそぶ

どんぐりのおもちゃ

マテバシイは殻がかたく、虫が入りづらいので、飾りや遊び用に保存しやすいどんぐりです。

〈どんぐり笛のつくり方〉

実の底を削って穴をあけ、釘などで中身をほじくり出す。ビンの口を吹いて音を出すときの要領で、底の穴に唇をつけて吹く。

どんぐりは種類別にビンに入れて保存

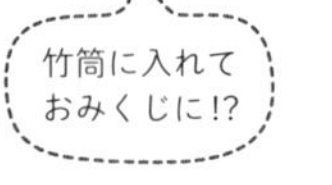

竹筒に入れておみくじに!?

パチンコの弾に

ほしい木 31

ミカン（温州みかん）

甘くて皮がむきやすく
カンキツ類ではダントツ人気

樹の上で完熟させると甘くなる

たっぷり
収穫しました

おもしろ～い

皮の汁をロウソクの火に向けて飛ばし、バチッと音をさせてあそぶ

香りが強く、
虫も集まる

data

ミカン科　蜜柑

［**生える場所**］公園／庭

［**木のタイプ**］常緑／中木

日本でつくられた栽培種。温暖地を好み、本州の関東から沖縄の各地で育つ。

season

花…5月頃。白い星形の花が咲く。甘い香りがする。

実…9～12月。品種によって収穫時期が変わる。皮を干して、お茶やお風呂に入れる。

常緑樹で手間がかからず、ほかの木が葉を落とす冬に実をつけるカンキツ類には、庭向きの木が多くあります。なかでも温州ミカンは、甘くて皮をむきやすいので人気です。温暖な場所を好むので、関東でも冬越しが難しい地域もありましたが、最近は温暖化により、植えられる範囲が広がってきました。

カンキツ類は花の香りがよいのが特徴です。ミカンもレモンもユズも、みんな花の姿はそっくり。でも、甘く濃厚な香りは種類によって少しずつ違います。ぜひかぎ比べてみてくださいね。

あそぶ

皮のタコ

親指を真っ直ぐ実に添わせて差し込むと、上手にむけます。8本足＋頭でタコになります…!?

吸いつかれた！

初夏の実は青い。この時期の実が落ちていることもある

ほしい木 32

ムクロジ

石けんみたいに泡立つ 琥珀《こはく》色の実であそぼう！

小葉は8～16枚で、左右少しずれてつく

秋、熟した実は琥珀色になる

春は花にミツバチが集まる

data

ムクロジ科　無患子

[生える場所] 野山／河川敷／公園

[木のタイプ] 落葉／高木

本州の関東から九州の各地に自生する。神社や公園にも植栽されている。

season

花…6～7月。円錐状に小さな花が集まって咲く。

実…10～2月。9月頃から実が熟し、徐々に落ちる。落ちた実を拾い、タネを取り出して工作に使う。水に入れると泡立つ果皮は、石けん代わりにするほか、ままごとに使う。

ムクロジの実は皮にサポニンを含んでいるため、水に入れて混ぜると泡立ちます。江戸時代には、石けん代わりに井戸端に植えられることもあったようです。実をネットに入れて洗濯機で回したことがありますが、50個ほど入れたら、あふれるほど泡立ちました。

タネは正月の羽根つきの羽根に使われます。わが家では、飼っているニワトリの抜けた羽根を草木染めしてタネに刺し、手づくりの羽根をつくっています。縁起のよいプレゼントとして喜ばれます。

ムクロジは、私が地域で自然活動を始めるきっかけになった木です。16年前、毎年実を拾いに行っていた川沿いのムクロジの木が、河川工事で伐られてしまいました。ほかではあまり見ない大木で、とても残念でした。ひこばえが出る可能性を信じて、その切り株をたくさんの人の協力を得て最後は近くの小学校に移植したのです。みごとに根づき、今では大きく育って毎年実をつけています。

トッピングは
季節のお花

あそぶ

おままごと

鍋に水と細かくちぎった果皮を入れて、泡だて器でシャカシャカ。泡をガラスのコップに盛りつけると、パフェになります。

ビンに水と果皮を入れて、ストローでブクブクさせてもよく泡立つ

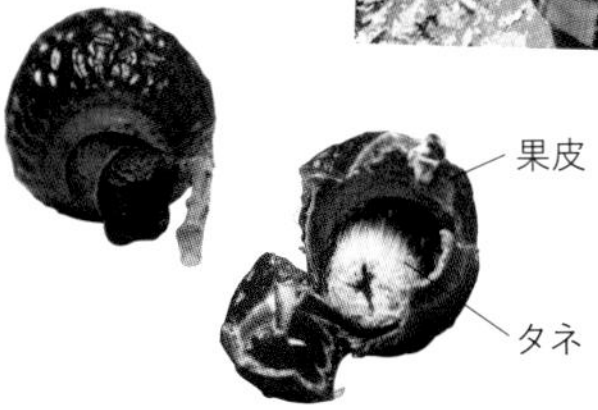
果皮
タネ

つくる

タネのブレスレットとおもちゃ

タネはかたくて重みがあります。虫も入りません。穴はキリでは難しいので、ハンドドリルであけます。

〈ブレスレットのつくり方〉

ハンドドリルで穴をあけ、針金に通す。

〈でんでん太鼓のつくり方〉

セロハンテープの芯に菜箸を刺す。芯の左右に穴をあけて糸を通し、先にタネをつける。折り紙で太鼓の皮を張る。

タネは磨くと
つやつやに

でんでん
追羽根の玉にも

ほしい木 33

モミジ

燃えるような紅葉が見もの
タネはくるくる回って飛ぶ

イロハモミジ。黄緑から黄、オレンジ、赤へと変化し、コントラストが美しい

data

ムクロジ科　紅葉

［**生える場所**］野山／公園／庭

［**木のタイプ**］落葉／高木

日本の在来種。本州から沖縄の各地に自生している。

season

葉…芽吹きは4月。紅葉は10～11月。束ねて花束のようにしたり、紙すきの飾りにする。風呂に浮かべてモミジ風呂にする。

タネ…10～11月。翼がついていて、くるくる回って飛ぶ。

あまり知られていませんが、モミジはじつは品種が多様で、ヤマモミジ、イロハモミジ、オオモミジなど葉の大きさや形に違いがあります。白い布にのせて木槌などで叩いて色を移す叩き染めでは、紅葉した色がきれいに移ります。

　モミジのタネは、風を受けてくるくる回りながら落ち、タネを遠くに飛ばします。これがアブラゼミの羽根の形とそっくりなのです。アブラゼミの羽根も回って落ちます。生きものの形には意味があります。なぜアブラゼミの羽根がくるくる回るのか…どちらも風に乗り、空を飛びます。

イロハモミジの葉を重ねた「花」

アブラゼミの羽根（左）とモミジのタネ（右）

つくる

葉っぱのハガキ

牛乳パックの紙の部分を水でふやかしてミキサーにかけ、これを枠に流し込んで漉きます。最後にモミジなど季節の葉を飾り、乾かして完成！

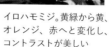

ほしい木 34

ヤドリギ

木の上に鳥の巣のように育つ
欧米のクリスマスに欠かせない
神秘の木

上／大きなエノキとヤドリギ。ヤドリギは常緑で、落葉樹に寄生するので、冬はよく目立つ　下／タネをつけて5年ほど。きれいな球形にそだった

庭のヤドリギ

花は地味だが、
蜜に虫が来る

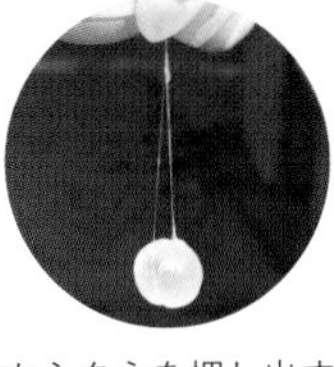

皮からタネを押し出すとねばーっと垂れ下がる

data

ビャクダン科　寄生木

［**生える場所**］野山／公園

［**木のタイプ**］常緑／低木

北海道から九州に自生する。鳥によって運ばれて広がる。

season

花…2～4月。ほとんど気づかないくらい小さな花が咲く。雌雄異株。

枝葉、実…実がつくのは11～2月。束ねてブーケ、スワッグにする。レンジャク（鳥）が食べてタネを運ぶ。

ケヤキやエノキなど、落葉高木の樹上に球状に茂っている植物を見たことがありますか？ それがヤドリギです。光合成もしますが、宿った木から水分や養分をもらう、半寄生植物です。

じつはわが家には、手に届く位置にヤドリギがあります。拾ったタネを、子どもがサクランボの木にくっつけて見守ったところ、大きく育ったのです。近くで見られるので、花の観察もできました。地味な花ですが、きらっと光る蜜は甘く、小さな虫がやってきます。

つくる

クリスマスブーケ

ヨーロッパではクリスマスにヤドリギを飾ります。「天と地の間に宿る」とされ、特別な力があると考えられています。さまざまな伝説があるようです。

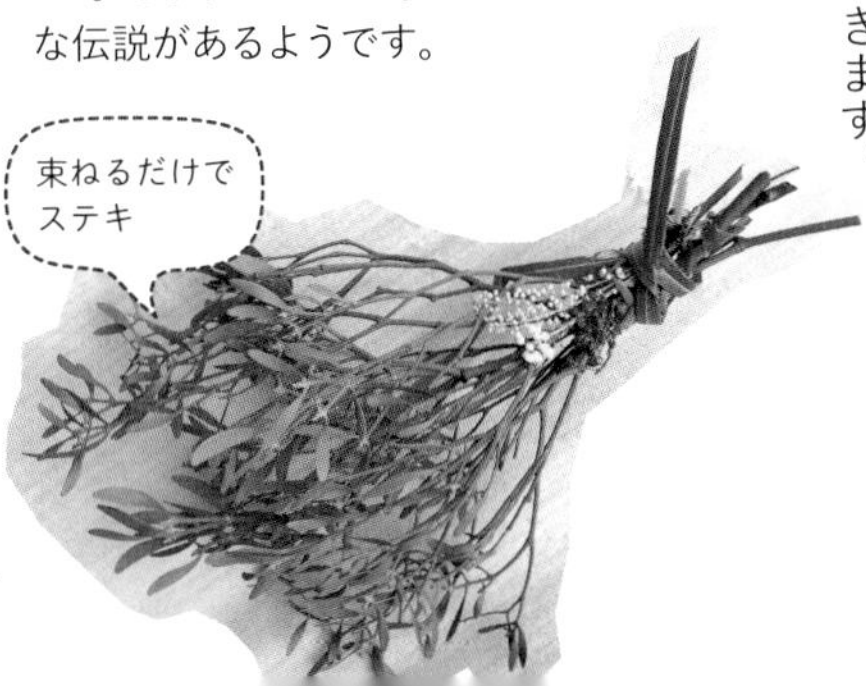
束ねるだけで
ステキ

ほしい木 35

ヤナギ

しなりのある枝は工作に
樹液にはクワガタもきます

アカメヤナギ。枝先の若い葉が赤く色づく

シダレヤナギ

春の芽吹きがきれい

ネコヤナギ。切り花にして室内に飾っても開花する

data

ヤナギ科　柳

[生える場所] 野山／河川敷／公園

[木のタイプ] 落葉／高木

北海道から九州の各地に、それぞれ在来種のヤナギが自生する。

season

花…3～4月。ネコヤナギには猫の尻尾のような銀白色の花穂がつく。

葉…干してお茶やお風呂にする。

昆虫…6～9月、樹液にカブトムシやクワガタなどの昆虫が集まる。

ヤナギといえば、枝が垂れ下がるシダレヤナギが有名ですが、日本には数多くの種類があり、河川敷など水辺に行くと数種類のヤナギに出合います。

ヤナギは、タテハチョウの仲間で絶滅危惧種のコムラサキの食草です。幼虫は葉を食べ、成虫は樹液を吸います。また、カブトムシやクワガタを捕るのに、クヌギを探す人が多いのですが、アカメヤナギは樹液がよく出るので、じつは虫が集まる穴場です。そんなわけで、わが家では畑の湿り気の多い場所に植えています。

観察

樹液に集まる虫

アカメヤナギの樹皮は、傷から樹液を出します。そこに、カブトムシやクワガタをはじめ、たくさんの虫が集まります。

ノコギリクワガタとカナブン、ヒカゲチョウ

ほしい木 36

ユズ

冬至にはユズ風呂
風邪予防にも欠かせません

一才柚子。小さい実がたくさんなるので、庭木に好まれる

香りがよい

本柚子

実が巨大

獅子柚子

植えて数年で鈴なりに実る

一才柚子の実

data

ミカン科　柚子

［**生える場所**］庭

［**木のタイプ**］常緑／中木

カンキツ類では比較的寒さに強く、東北でも庭に植えられる。

season

実…11～12月。実をそのまま風呂に入れたり、蜂蜜漬けやマーマレードにして、お茶やサラダにのせる。

昆虫…4～11月にアゲハ類の幼虫が発生する。

「ももくり3年、かき8年、ゆずの大馬鹿18年」といいますが、「一才《いっさい》柚子」や「ハナユ」と呼ばれる観賞用のユズは、1年目でも実がなりやすく、小さい庭にもおすすめです。本柚子より実は小さく香りもやや劣りますが、たくさん実り、本柚子と同じように使えます。わが家では一才柚子を植えて冬至の日だけでなく12月中はずっとお風呂に入れています。

手のひらより大きくなる獅子柚子は、ブンタンの仲間で、福を呼ぶ飾りにされます。皮がとても厚いので、マーマレードづくりにぴったりです。

食べる

ユズ蜂蜜

ユズを洗い、皮ごと輪切りにしたらビンに入れ、ユズが全部浸かるまで蜂蜜を注ぎます。お湯でといて飲みます。

風邪予防の必需品

ほしい木 37

レモン

実は料理やお菓子に使えて
花も葉もいい香り

花は年中咲くが、5月頃に咲く花が結実しやすい。鉢植えでもちゃんと実がなる

レモンの輪切りでさっぱりうどん

葉を日にかざすと、香りの粒が見える

勢いのある枝はトゲが長い

data

ミカン科　檸檬

［生える場所］ 公園／庭

［木のタイプ］ 常緑／中木

インド原産。温暖地を好み、本州の関東以西から沖縄の各地で育つ。

season

花…5〜11月に何度か花を咲かせるが、5〜6月に咲く花が結実しやすい。

実…11〜2月。料理やお菓子に使う。

トゲ…1年中。茎のトゲを針にして遊ぶ。

昆虫…4〜11月にアゲハ類の幼虫が発生する。

庭で薬を使わずに育てたレモンの実は、皮まで料理やお菓子づくりに使えます。温暖化の影響でいろいろなカンキツ類が関東でも育てられるようになってきました。ただレモンはほかのカンキツ類と比べて耐寒性が低いので、寒さの厳しい地域では鉢植えにして、冬は軒下か室内で育てるとよいです。

　レモンは一年を通して開花、結実します。また花と葉の香りがとても強いことも特徴です。勢いのある枝には長いトゲがつき、これに穴をあけると針になり、初めての針しごとにぴったりです。

あそぶ

レモン針

トゲを枝から切り取り、つけ根にハンドドリルで穴をあけます。糸を通し、葉っぱや花びらを縫って遊びます。

ツバキの葉を縫い合わせたネックレス！

3章

庭と散歩道で楽しむ「草」

ほしい草 ❶

アイ

古代から青色の染料にされた藍染めの材料になる草

マルバアイ。葉が丸く、ほかのタデ類と区別しやすい

data

タデ科　藍

［**生える場所**］庭

［**草のタイプ**］落葉／一年草

東南アジア原産とされる。生薬として、日本に7世紀頃導入された。

season

葉…6～8月。生葉の染液で藍染めをする。6～11月。生葉を布に叩いて葉の色を移すたたき染めに使う。

花…8～10月。摘んで飾る。

タネ…こぼれダネで翌5月に芽が出る。

アイの生葉染め。長いサラシを染めた

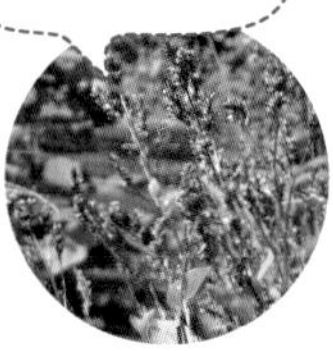
ピンク色の小さな花が集まって咲く

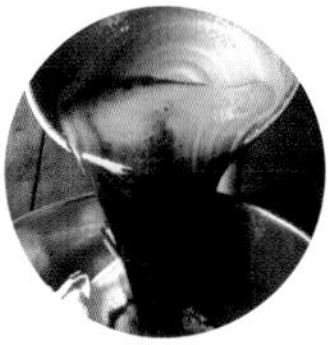

生葉をミキサーにかけて濾してから、布を浸けて染める

くらす

叩き染め

草の葉や木の葉ならなんでも染められますが、特にアイは、叩き染めをすると色がよく出ます。とんとん叩くと点描画のような味わいになり、スリスリとこすると葉脈まできれいに移ります。

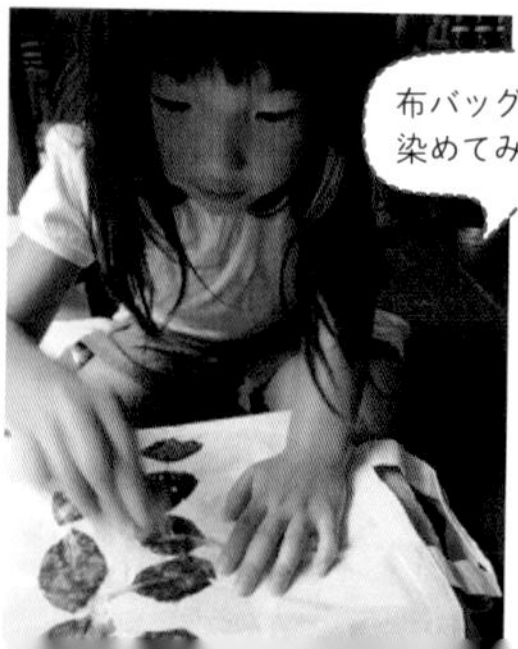
布バッグを染めてみた！

夏は藍染めの季節。わが家の定番は、発酵させて染料をつくる伝統的な方法ではなく、生葉と水をミキサーにかけたものを濾し、そこに布を浸けて染める生葉染めです。ほかの草木染めよりひと手間多いのですが、空と同じ色になるのが気に入っています。

もっと簡単なのは、叩き染めです。布の上に葉を置いてテープで留めたら、上からとんとん叩くだけ。葉の色と形が布に移ります。葉をすりつぶした汁を塗り絵のように布にこすりつけても。空気に触れて緑から青にだんだん変化します。

ほしい草❷

アカジソ

こぼれダネでどんどん生える
梅干しにジュースに草木染めに
夏のお楽しみに使えます

毎年こぼれダネから生えて、肥料分の多い土では大きく育つ

data

シソ科　赤紫蘇

［**生える場所**］野山／庭

［**草のタイプ**］落葉／一年草

中国原産で古くから日本に伝わり、北海道から沖縄の各地に自生する。

season

葉…7月。塩でもんで梅干しに使う。梅干しと一緒に乾燥させた葉は粉末にしてふりかけにする。生葉は煮出してジュースをつくる。お風呂や草木染めに使う。

花、実…9月頃。しその実の醤油漬けをつくる。

干した葉はお茶やお風呂にする

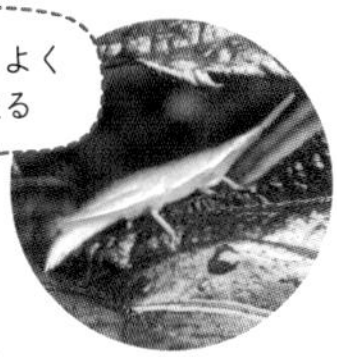

バッタもよくやって来る

梅干しと一緒に干したアカジソはふりかけに

わが家の畑には、こぼれダネでアカジソが勝手に生えてきます。最初は紫がかった青いシソだったのが、梅干しに使いたくて、より赤い株を残していたら、今では赤いシソが多くなりました。毎年7月のはじめに摘んで、梅干しの瓶に投入します。アカジソのジュースは、暑いときには欠かせません。

ジュースにするためアカジソの葉を煮出した液を、お風呂に入れてみました。とてもいい香りで、ジュースに浸かっているような気分になります。乾燥した葉を湯船に浮かべるだけでもいいですよ。

食べる

アカジソジュース

水2.5 ℓを沸騰させ、アカジソ500gを入れて15分煮出します。葉を濾して、液に砂糖500gと酢1/2カップを加え、弱火にかけて砂糖を溶かします。最後にレモン汁50㎖を入れて完成です。

冷やして飲むとおいしい

ほしい草③
オオバコ

踏みつけられても強く育つ「相撲」は草花遊びの定番です

幅広い葉が特徴で、かたい土でも力強く生える

乾燥させたら、煎じるか、緑茶に混ぜてお茶にする

白い花が穂状に密集して咲く

data

オオバコ科　大葉子

［**生える場所**］野山／公園／庭

［**草のタイプ**］落葉／多年草

日本全国に自生する。耕作地より、道端などのかたい土に生えることが多い。

season

葉…4～9月。干してお茶にする。茎を摘んで草遊びに使う。油で炒めて食べる。

タネ…9～10月。穂を摘んで干し、落ちてくるタネを集める。炒ってふりかけにする。生薬では車前子（しゃぜんし）という。

あそぶ

オオバコ相撲

小さな子も、大人も、同じ土俵で戦える遊びです。

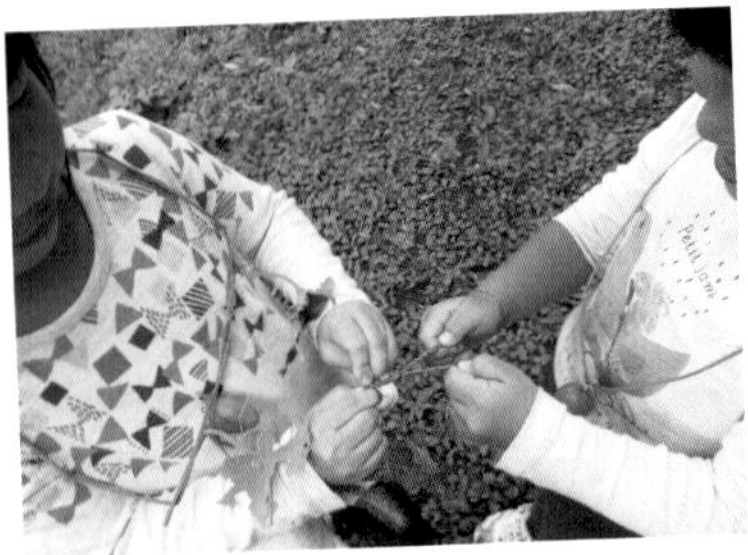

はっけよいのこった！

オオバコで遊ぶなら、まずは「オオバコ相撲」です。ヒュッと伸びた花茎を根元から引き抜いて、茎をからませて引っ張り合い、切れなかった方が勝ち。私が子どもの頃よくやりましたが、今の子どもたちも、おもしろがって遊びます。

オオバコは茎にも葉にも丈夫な繊維が通っていて、踏みつけられても強いです。春には小さな花が咲いたあと、ゴマより小さなタネができます。タネは薬効があり、子どもが咳をするとお茶にしてよく飲みました。

ほしい草 ④

クズ

成長が早く、地を這うツルはかごを編むのに重宝します

葉が大きく成長し、からみつくと樹木を枯らすこともある

緑のカーテン用に葉に斑が入る園芸品種もある

data

マメ科　葛

[生える場所] 野山／河川敷

[草のタイプ] 落葉／多年草・つる性

日本全国に自生する。道端や空き地などで樹木につるをからませて伸びる。

season

花…7～9月。紫色の花が上向きに咲く。

葉…5～9月。草遊びに使う。

ツル…11～3月。かごを編む。

昆虫…7～9月。花にウラギンシジミの幼虫がつく。

観察

ウラギンシジミ

花に擬態して紫色になるチョウの幼虫。成虫の羽は、閉じると白銀色になります。

クズは日当たりのよい場所が大好きで、野山でも河原でも木にからみついてどんどん葉を広げます。つかまる木がない空き地では、地面をまっすぐに這います。勢いよく伸びるツルは、ぐるぐる丸めてクリスマスリースにしたり、カゴを編んだり、丈夫な素材で重宝します。

そしてなんといってもかわいいのが、クズの花を食べるウラギンシジミの幼虫です。花に擬態して紫色になり、白いラインが入ったりする姿は、じつに巧妙。子どもたちはすぐ見つけてしまいますが、大人はなぜかなかなか見つけられません。

ジュズダマ

古代のビーズのような
ツヤツヤの実は
色も少しずつ違います

黒色、茶色、灰色、黄緑色、白色など、株ごとに色が違う。

data

イネ科　数珠玉

［**生える場所**］野山／河川敷

［**草のタイプ**］落葉／一年草（多年草）

本州以南の水辺や畑に自生する。暖地では多年草で、前年の株から新葉が出る。

season

花…8～9月。花は目立たず、小穂の元のほうにつぼ型のふくらみが見える。

実…10～1月。実が落ちる前に摘んで集める。ままごとなどの遊びや工作に使う。砕いてお茶にする。

花の基部にある「つぼ」のような部分が実（偽果）になる

ツヤツヤ！

その年に落ちた実は芽が出やすい

あそぶ

アクセサリー

数が少ない白くツヤのある実を集めたネックレス。ブレスレットは針金に通すとかわいいです。

ジュズダマは東北など寒い地域では冬を越せませんが、暖地では葉が枯れても株が残り、春になると新葉を出します。冬の間は、実をつけたままの枯れ枝が地上部に残っています。秋から冬に探して実を集めるのですが、粒が小さいのでツルッと滑って落としてしまいます。小さい子は夢中になって探します。

実は上下に穴が貫通していますが、花穂のあとなどが残っているため、そのままでは針金や糸を通しにくいかもしれません。あらかじめ針やハンドドリルなどで穴をきれいにしておくといいですよ。

ほしい草❻

ショウブ

端午《たんご》の節句に使われる強い香りは魔除けの力

畑の隅につくった小さな池で。「葉ショウブ」とも呼ばれる

data

ショウブ科　菖蒲

［**生える場所**］野山／河川敷

［**草のタイプ**］落葉／多年草

北海道から九州の、水深の浅い沼や池などに自生する。

season

花…5～7月。穂状の花が咲く。

葉…5～9月。生葉を風呂に入れるほか、アジサイの花などとあわせてリースの材料にする。

端午の節句には、わが家の畑脇にある池に植えたショウブをとって、お風呂に入れます。葉の形はそっくりですが、赤や紫の派手な花が咲くアヤメ科のハナショウブは別種です。ショウブ科のショウブは香りがよく、この香りが邪気を払うといわれています。

ある夏の日、神社でススキの輪飾りを見て、あまりに涼しげで感動し、夏こそリース！と思い立ちました。ショウブの葉で輪っかをつくり、そこにユーカリやニッケイなど香りの強い植物の葉を飾ったら、夏のアロマリースができました。

穂状につく花。アヤメ科のハナショウブは別種

根元から刈り取る

夏のアロマリース！

くらす

菖《しょう》蒲《ぶ》湯

葉を湯船に浮かべると、よい香りが漂います。菖蒲湯に浸かりながら、頭にハチマキのように葉を巻くと、香りのミストが降ってきます。

お湯に入れると葉がやわらかくなる

ほしい草 7

スギナ（ツクシ）

畑のやっかいものは
春も夏もおいしい素材

ツクシは寒さがまだ残る春先に出る。モヤシのように調理できる

干して2日目のスギナ

ツクシはスギナの胞子茎。地下茎でつながっている

data

トクサ科　杉菜／土筆

［**生える場所**］野山／公園／庭

［**草のタイプ**］落葉／多年草

北海道から九州に自生する。根で増えるので畑では嫌われる。

season

胞子茎（ツクシ）…3〜4月。ゆでたり天ぷらにして食べる。

葉…4〜6月。葉を摘んで干し、ふりかけやお茶、お風呂にする。焼酎漬けにする。

ツクシが頭を出しているのを見ると、「つくしだれの子すぎなの子」と、小さい頃に口ずさんだフレーズを思い出します。どっちが誰の子だっけ…？ 考えるといまだに混乱することがありますが、出てくる順番としては、ツクシが先でスギナがあと。ツクシを見つけると、おひたしに、和え物に、天ぷらにと、春の味をたっぷり楽しみます。

スギナははびこるので、畑では嫌われます。でもわが家では、初夏に茂ったスギナを干して夏の間に飲むお茶にするので、ありがたい草です。

食べる

キュウリとツクシの和えもの

ハカマを取ったツクシを沸騰した湯で2〜3分ゆで、薄切りのキュウリとともに酢と醤油で和えます。

ゆでるとツクシがピンク色に

ほしい草⑧

タンポポ

つぼみは地面近くで春を待つ
足元を明るくする花です

カントウタンポポ。セイヨウタンポポより早い時期に咲く

data

キク科　蒲公英

[生える場所] 野山／河川敷／公園／庭

[草のタイプ] 常緑／多年草

北海道から沖縄に自生する。在来種は春、外来種のセイヨウタンポポは1年中咲く。

season

花…在来種は3～4月。外来種は1年中咲いている。草花遊びに使う。

葉…3～11月。生葉をゆでたり天ぷらにして食べる。草花遊びに使う。

ひとつひとつが花弁ではなく「花」。数えたら128個あった

花が3日ほど咲くと、綿毛をつくる準備に入る

白花タンポポ

あそぶ

タンポポ笛

短く切った茎の片方をつぶして吹き口をつくり、反対を4つに割いて飾りにする。

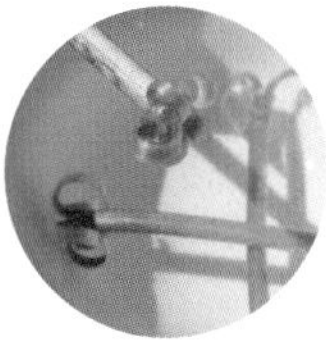

割いたところを水に浸けると、くるんと丸まる

タンポポ時計！

プー！

花を愛でたり遊んだりするのももちろんですが、タンポポの苦みが無性に好きで、春は必ず食べます。一年中生えていますが、おいしいのはやっぱり、葉がやわらかい春。根元から1枚ずつ摘んで、沸騰した湯でさっとゆでて食べます。ごま和えにしたり、かつおぶしと醤油で食べたり。自然観察会で摘んだ野草の天ぷらをしたときは、タンポポの花が一番人気でした。苦みがうまい！

子どもには、タンポポ時計がおすすめです。茎を2つに割いて手首に巻きつけます。同じつくり方で指輪もできます。

ほしい草 9

ドクダミ

「十薬《じゅうやく》」として重宝される草
可憐な白い花にうっとり

薬効が一番高まるのは、
花が咲く直前だとされる

梅雨に入る
前に干す

つぼみを包む
葉の帽子が
かわいい

八重咲の園芸種

data

ドクダミ科　蕺草

［**生える場所**］野山／公園／庭

［**草のタイプ**］落葉／多年草

北海道から沖縄に自生する。日当たりが悪い庭や木陰に群生する。

season

葉…5〜6月。茎ごと葉を摘んで干し、お茶にする。4〜11月。葉を丸めて鼻に入れると、鼻づまりに効く。水虫やできものに、もんでつける。

花…5〜6月。白い十字型の花が咲く。花のついた茎葉も干してお茶にする。

食べる

干してお茶に

干して細かく切った葉は、ほかの葉っぱとブレンドして好みのお茶に。茶筒に入れて保存します。

意外にも!?
甘い香りと風味を
楽しめます

南のほうから梅雨入り宣言が聞こえてくると、「もうすぐ梅雨ですよ」というように、ドクダミの花が咲きはじめます。植物はつぼみの中にたくさんの酵素を含んでいるというので、花が咲きはじめる頃に摘んで軒下に干します。

ドクダミの生薬名は「十薬《じゅうやく》」。多くの効能がある薬草、という意味です。煎じて飲んだり、葉を丸めて鼻に突っ込んだり…昔からいろいろな方法がありますが、わが家ではやっぱりお茶です。夏は麦茶がわりに飲んでいます。お通じがよくなりますよ！

ほしい草⑩
ノビル
冬の間も元気に生える丸ごと食べられる草

味噌汁に入れよう

右／鱗茎（りんけい）も葉もおいしく食べられる　下／ゆでて結んで、酢味噌をつけて食べる

data

ヒガンバナ科　野蒜

［生える場所］ 野山／庭

［草のタイプ］ 落葉／多年草

日本の在来種で、北海道から沖縄に自生する。

ノビルは放っておくと、畑のあちこちから出てきます。球根（鱗茎《りんけい》）と葉も食べられて、薬味としても使えます。薬味に使えるほかの草が枯れている冬の間も元気なので、庭に植えておくと重宝します。炒め物や餃子の具にもおすすめ。土がやわらかければ、根元をつかむと株ごと抜けるので収穫もラクラクです。

ほしい草⑪
ヘビイチゴ
小さなかわいい赤い実を草につないで収穫します

イチゴツナギにつないだよ！
ヘビイチゴの指輪

ヘビイチゴの花。中心が実になる

data

バラ科　蛇苺

［生える場所］ 野山／公園／庭

［草のタイプ］ 落葉／多年草

数種類の野生種が、北海道から沖縄に自生する。

イチゴツナギというイネ科の草があり、不思議な名前だなと思っていたのですが、この草にヘビイチゴの実を刺して重ねると、収穫が便利！イチゴツナギの〝イチゴ〟はヘビイチゴのことかもしれません。実はそのままではおいしくありませんが、ジャムにしたりお茶にしたり、焼酎漬けにして虫刺されの薬にします。

ほしい草⑫

フキ

春を告げるフキノトウ
葉っぱの下には小人がいるかな

畑で栽培もされ、野山や
道端にも生える

フキノトウ

葉っぱを丸めて
ポップコーンの器に

フキの葉の
ひしゃく

data

キク科　蕗

[生える場所] 野山／公園／庭

[草のタイプ] 落葉／多年草

北海道から沖縄に自生する。湿った場所に多く生える。

season

芽（フキノトウ）…2〜4月。天ぷらやふき味噌にして食べる。

茎葉…4〜6月は茎をきゃらぶき、葉は佃煮などにして食べる。夏から秋にかけては、葉で草あそびをする。

春は野草はもちろん、山菜や野菜にも強い苦みのあるものが多くあります。苦い野草を食べると、からだが目覚めるような気がします。フキの茎は、きゃらぶきなどにして食べ、葉は天ぷらにするとフワフワになり、子どもに人気です。

地元で主催している自然活動グループを「コロボックルくらぶ」としたのは、若い頃の北海道旅行がきっかけです。コロボックルはアイヌ語で「フキの葉の下のひと」という意味だそう。傘のような大きな葉に隠れた小人に、いつか会えるでしょうか。

食べる

ふき味噌

フキノトウを刻んでフライパンで炒め、味噌とみりんで和えます。

ほろ苦い春の味

ほしい草⑬

ヤマノイモ

イモはとろろでおいしく食べて
むかごやツルも楽しめます

雌雄異株の、雄株の花。
雄花は立ち上がり、雌花
は垂れ下がる

むかごは雌株、
雄株両方につく

秋は鮮やかな
黄葉になる

丸い羽が3枚合わさって
ひとつの実ができている

data

ヤマノイモ科　山の芋

[生える場所] 野山／公園／庭

[草のタイプ] 落葉／多年草・つる性

北海道から沖縄に自生する。田んぼの畔や土手、野原などに生える。

season

ツル…6～12月。かごを編む。

珠芽(ムカゴ)…9～11月。摘んで集め、炒ったりご飯と一緒に炊いて食べる。

果実…11月頃。芋がある場所の目印になる。摘んでリースの飾りに使う。

芋…11月頃。掘ってとろろにして食べる。

秋の木の実シーズンのおいしいもののひとつ、ヤマノイモのむかご。都会のスーパーでは高級食材のようですが、散歩道で見つけることができます。むかごを植えると簡単に芽が出るので、庭に植えてもいいでしょう。

わが家では、から炒りして塩をふってスナックのように食べたり、むかごの炊き込みご飯にして食べます。

イモはとろろにして食べます。そしてツルにもねばりがあるのか、ヤマノイモのツルのしなりはとても柔軟で、かご編みのいい素材になります。

食べる

むかごのから炒り

むかごをきれいに水洗いしたら、熱湯で2～3分ゆでます。水気を拭いて、熱したフライパンで炒ります。最後に塩をふりかけて食べます。

スナック菓子みたいに
食べたら止まらない！

ほしい草 ⑭

ヨモギ

お茶、だんごに使う定番の草
春の苦みは体にやさしい

初夏のヨモギ。お茶、お風呂、草木染めにたっぷり使える

data

キク科　蓬

［**生える場所**］野山／河川敷／公園／庭

［**草のタイプ**］落葉／多年草

北海道から沖縄まで、各地独自の品種が自生する

season

新芽…3～4月。ゆでてよもぎだんごやよもぎご飯にして食べる。

葉…茎ごと摘んで干し、お茶にする。生葉をもんで止血、虫さされに使う。

花…8～10月。茎の先に小さな花をつける。葉と一緒に摘んで干し、お茶にする。

お茶は冷え症などに効くと聞き、よく飲むようになった

花穂。これもお茶になる

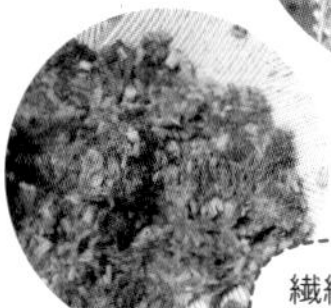

繊維が強いので、細かく刻んでおくとラク！

食べる

よもぎだんご

ゆでてやわらかくなったヨモギを、まず包丁で刻んでからすり鉢ですりつぶします。上新粉を丸めて蒸した生地と、ヨモギを入れてつきます（ミニ臼があると便利）。

毎年春には、よもぎだんごをつくります。ヨモギは繊維が強いので、まず包丁で細かく刻んでからすりつぶすのがおすすめです。お茶用に乾燥させた葉はハサミで細かく刻みます。

よもぎだんごをつくるときに余った、すりつぶしたヨモギは、温かいご飯の上にのせ、塩を振りかけて少しずつ混ぜながら食べます。風味がよく、苦みもちょうどよくておいしい。若い頃、中国で食べたよもぎラーメンは、最後まで食べられないほど苦かったのですが、今なら食べられるかもしれません。

木や草を、もっと楽しむための本

私たちが、困ったときに参考にしたり、
ときどき眺めたりする本です。
古い本が多いので、手に入らないものもありますが、
図書館や古書店で探してみてください。

草木染めの本

『母と子の草木染ノート』
山崎青樹（美術出版社）

『四季のしぼり染め
—シリーズ・子どもとつくる22』
近藤愛子（大月書店）

草花あそびの本

『草花あそび』
熊谷清司（文化書房博文社）

『身近な草や木の葉でできる
—作ろう草玩具』
佐藤邦明（築地書館）

野草料理の本

『楽しくおいしく
雑草クッキング』
小崎順子（農文協）

からだの手当ての本

『薬草』
井波一雄、会田民雄
（山と渓谷社）

『あなたの健康に役立つ
—薬草ハンドブック』
（埼玉新聞社）

『よく効く薬草風呂
—アトピーから腰痛まで』
池田好子（家の光協会）

『中国薬草ものがたり』
繆文渭編、
石川鶴矢子訳（東方書店）

ものづくりの本

『竹でつくる楽器
—シリーズ親と子でつくる15』
関根秀樹（創和出版）

植えたり、管理のための本

『図解 樹木の診断と手当て
—木を診る・木を読む・木と語る』
堀大才・岩谷美苗（農文協）

虫や鳥や植物の本

『新・ポケット版
学研の図鑑 昆虫』
岡島秀治（学研）

『身近な植物に発見！
—種子たちの知恵』
多田多恵子（NHK出版）

歳時記の本

『二十四節気と
七十二候の季節手帖』
山下景子（成美堂出版）

草木屋のサイト

生産した苗木の販売情報や、その育て方、利用のし方、遊び方などをまとめたサイトです。この本で紹介しきれなかった草木の利用方法も掲載しています。

草木屋のホームページ
http://www.kusaki.net/

日々の暮らしや
畑の保育室の様子を
つづったブログ
http://kusaki.way-nifty.com/

苗木の生産販売、
通信販売のページ
http://www.kusaki.net/plantspickup.html

あとがき

　この本の制作にあたって、過去の活動の写真をたくさん見返しました。写真を選び出しながら、笑ったり、懐かしかったり、引き込まれてなかなか作業が進みませんでした。昔も今も、畑や庭で遊ぶ子どもたちの姿は、森で暮らす妖精や小人たちのようで、愉快になります。

　そして写真の背景となっている庭の草木も、成長したり代替わりしたり、たえずたえず変化していました。庭は人の暮らしと共に姿形を変え、庭の自然も私たちの心に影響を与えているのだと思いました。

　まちを散歩すると草木は少なくなり、人々の暮らしは、自然から少しずつ離れていっているのを感じ、寂しくなります。そんな中でも、子どもたちは小さな草むらで立ち止まり、虫や花をじっと見つめています。そこには言葉のない時間が流れていて、大人の私たちが忘れている大切なものを思い出させてくれます。１本の木や草、１枚の葉っぱでも、身近に置いてほしいと思っています。感じ合う力は、地球の生き物が持つ財産なのだと思いました。

　子どものためにブランコを掛けて遊んだクルミの木も、今年は実付きが少なくなり幹肌《みきはだ》も老いてきました。畑の変遷を見てきた木で、自分たちとも重なり、胸がぎゅっと熱くなります。じつは区画整理で畑の移転があり、長年暮らしたこの場所を離れなければならなくなりました。

また新しく一からの始まりです。今度はどんな庭や畑が生まれるでしょうか、どんな出会いと物語が生まれるのでしょうか、これからも自然の声に耳を傾け、草木との暮らしを楽しみたいと思います。

この本を手に取っていただいた読者の皆様の草木との出会いが広がることを願ってやみません。

最後になりましたが、私たちに元気と発見をくれたすべての子どもたちと家族の皆様、初めての出版を励まし、活き活きとした紙面で私たちの暮らしに新たな生命を吹き込んでくださった編集者の中村安里さん・阿久津若菜さん、デザイナーの野瀬友子さんに心より御礼を申し上げます。

草木屋　べーすけ、べーこ

畑の保育室を始めた年の子どもたち。竹山に散歩に出かけた。あのときの子どもたちの時間がよみがえる

著者紹介

草木屋 くさきや

横山隆（べーすけ）／横山晶子（べーこ）

「人と植物の調和した暮らし」をテーマに、埼玉県川口市にある住宅街の小さな畑で暮らしている。夫婦で在来樹木・雑木・果樹・花木・薬草薬木・食草食樹などの苗木の生産販売・通信販売を行なう。2003年から畑の保育室「小さな畑のおうち園」を始め、2004年から小学校・幼稚園で環境出前授業を行なっている。2010年に「自然探険コロボックルくらぶ」を発足。環境省のこどもエコクラブに登録し、平成29年度日本自然保護大賞 子ども・学生部門受賞ほか、受賞多数。環境省環境カウンセラー・埼玉県環境アドバイザー。

写真　草木屋、編集部

食べる　つかう　あそぶ

庭にほしい木と草の本

散歩道でも楽しむ

2021年3月10日　第1刷発行

著　者	草木屋
発行所	一般社団法人 農山漁村文化協会 〒107-8668　東京都港区赤坂7-6-1 ☎03-3585-1142（営業） ☎03-3585-1145（編集） FAX03-3585-3668 振替　00120-3-144478 http://www.ruralnet.or.jp/
印刷・製本	凸版印刷株式会社
デザイン	野瀬友子
DTP製作	（株）農文協プロダクション

＜検印廃止＞
ISBN 978-4-540-20158-5

定価はカバーに表示
乱丁・落丁本はお取り替えいたします